# ENTRETIENS

## SUR

# L'ÉTABLISSEMENT

FONDÉ RUE D'ORLÉANS-SAINT-MARCEL, N° 29,

EN FAVEUR

## DES JEUNES RAMONEURS.

PARIS, IMPRIMERIE DE SELLIGUE,
RUE DES JEUNEURS, N. 14.

# ENTRETIENS

## SUR

# L'ETABLISSEMENT

### EN FAVEUR

## DES JEUNES RAMONEURS,

Pour les arracher à l'oisiveté, au vagabondage, à la mendicité et à
tous les vices et les crimes qui souvent en résultent,

### EN LEUR PROCURANT

Un asile assuré, des travaux continus, une existence honnête,
des connaissances suffisantes à des artisans laborieux,

*Et en les formant à la pratique des vertus sociales.*

*Au profit de l'Institution.*

## PARIS,

### AU BUREAU CENTRAL DE L'ADMINISTRATION,

RUE DE CLÉRY, N° 23.

## 1828.

# Entretiens

SUR

# L'ÉTABLISSEMENT

## FONDÉ EN FAVEUR

# DES JEUNES RAMONEURS,

## à Paris.

●●●●●●●●●●●●●●●●●●●●●●●●●●●●●●●●●●●●●●●●●●●●●●●●●●

La scène se passe en Auvergne, dans un village situé à quelques lieues de St-Flour, et dans le château du comte ***, l'un des lieutenans généraux des armées françaises.

Les interlocuteurs sont :

M. LE COMTE ***.
M. PLANCHE, *son régisseur*.
CATHERINE, *femme de son garde forestier*.
JACQUES VIALLAT, *neveu de Catherine*.
LE CURÉ DU VILLAGE.

———

On suppose que le comte est parti pour Paris depuis un mois, lorsque le dialogue suivant a lieu entre M. PLANCHE et CATHERINE.

### CATHERINE.

Quoi! aujourd'hui que tout est si cher et si rare dans ce pauvre pays de montagnes, vous refusez de m'avancer cinquante francs que je vous demande afin de pouvoir acheter des provisions pour mes deux petits garçons, et

1

pour soulager mon mari malade depuis quinze jours ?

PLANCHE.

Oui.

CATHERINE.

Croyez-moi, M. Planche, M. le comte, qui est le parrain de mon aîné et votre maître, ainsi que le nôtre, ne sera pas content du refus que vous faites à la mère de son filleul et à la femme du garde de ses bois et de son domaine : je vous le dis, M. le régisseur.

PLANCHE.

Moi, madame Catherine, femme du garde de M. le comte, je vous réponds que les maîtres sont toujours contens des régisseurs qui administrent bien leurs terres, et qui ne vont pas jeter leurs revenus au nez de la première venue.

CATHERINE.

La première venue ! Je vous trouve bien plaisant de me traiter ainsi, moi qui suis la sœur de lait de M. le comte ; sachez que quand il n'était qu'un marmot et moi qu'une marmotte, nous étions, du matin au soir, à jouer ensemble ; que s'il voulait une chose et moi une autre, je l'emportais toujours sur lui, et que la veille de son départ pour l'armée nous dansâmes ensemble une javotte sur la place du village. J'avais bien peur qu'il ne fût tué, comme tant d'autres l'ont été, mais, grâce à Dieu, il est revenu comte et général; c'est lui qui m'a mariée avec Viallat, qui avait fait la guerre avec lui, et serait aujourd'hui régisseur à votre place, s'il avait su lire et écrire; mais, comme par malheur il ne le sait pas, il n'est que garde. Ah! le pauvre homme! s'il était ce que vous êtes, et si vous étiez comme lui, tombé malade au service de notre maître, il n'aurait pas attendu que votre femme vînt lui demander des secours, il vous les aurait portés, bien sûr de faire plaisir à son général.

### PLANCHE.

Si M. le comte était ici, peut-être vous accorderait-il ce que vous demandez; mais il est à Paris, et quoiqu'il m'ait recommandé de prendre soin de vous et de votre famille, je ne puis, sans son consentement formel, me permettre de disposer de cinquante francs en votre faveur; je le ferai d'autant moins, que si vos deux garçons sont encore à votre charge, c'est parce que vous n'avez pas voulu suivre mon conseil, en les envoyant à Paris, où ils auraient gagné leur vie en ramonant les cheminées sous les ordres de votre cousin François, qui ne fait pas mal ses affaires dans

## ( 4 )

cette grande ville, et qui vous aurait envoyé
chaque année quelque argent pour la loca-
tion de vos deux enfans; mais vous ne voulez en faire qu'à votre tête ; et aujourd'hui
que le pain est hors de prix, que votre mari
est malade, que vos deux enfans sont encore
chez vous, malgré ce que j'ai pu dire et voulu
faire, en vous avançant quelque chose pour
leur voyage, vous me demandez la charité.....
Ah ! si j'écoutais toutes les demandes du village et des environs, M. le comte serait bientôt ruiné......

### CATHERINE.

Dieu me garde de contribuer à la ruine
d'un aussi bon maître ! mais une avance n'est
pas une aumône, et apprenez, M. le régisseur, que Catherine Viallat, la femme d'un
frère d'armes de votre maître, n'est pas une
mendiante. Pour ce qui regarde mes enfans,
j'aimerais mieux gratter la terre avec mes
doigts, que de les envoyer à Paris, sous la
tutelle de maître François mon cousin. Ne
fut-ce pas par vos avis que ma sœur aînée lui
envoya son petit Jacques, qui était si éveillé,
si doux et si laborieux? depuis elle n'en a
plus eu de nouvelles, ce qui la fait mou-
rir de chagrin? Ne sait-on pas que ce maître
François, tout mon cousin qu'il soit, n'est

qu'un grand fainéant qui, ne sachant et voulant rien faire, attire à Paris tous les petits garçons de ce pays, pour les faire travailler et mendier à son profit; qu'il les accable de mauvais traitemens et les nourrit mal, quoiqu'ils lui rapportent tous les soirs l'argent qu'ils ont gagné ou obtenu, dans la journée, de la charité des bonnes âmes; enfin qu'il n'envoie pas même aux parens qui ont le cœur assez dur pour lui confier leurs enfans, la rétribution qu'il leur a promise?

### PLANCHE.

Vous allez un peu vite; je connais maître François, je l'ai vu à Paris; il y vit fort honorablement, et traite fort bien les enfans dont il se charge. Si votre neveu Jacques l'a quitté, c'est qu'il était, comme tous ceux de sa famille, un petit orgueilleux, un petit volontaire, en un mot, un petit mauvais sujet..... Mais sachez que maître François est.....

### CATHERINE.

Je vous remercie, M. Planche, pour mon neveu, pour sa pauvre mère et pour moi; mais sachez que ce n'est point à vous que s'adresse la demande que je vous ai faite, mais bien à votre maître, que je prierai M. notre curé d'instruire de votre refus..... et sachez encore que l'ami et le protecteur de maître François ne sera jamais ni le mien, ni celui de ma famille. Adieu, M. le régisseur....

Quand Catherine fut sortie, M. Planche, qui n'ignorait pas le vif intérêt que le comte prenait à elle et à toute sa famille, se repentit'd'un refus qu'il ne lui avait fait que pour se faire prier, et montrer à ses yeux son autorité de régisseur. Il en fut d'autant plus fâché, qu'il avait bien quelques reproches sur sa conscience au sujet de Jacques et de sa conduite avec maître François, dont il était l'agent dans le pays. Il était donc sur le point de rappeler cette femme, lorsqu'elle revint, accompagnée de son neveu Jacques, qui venait d'arriver dans le village.

CATHERINE.

Hé bien! M. le régisseur, le voilà pourtant retrouvé ce petit entêté, ce petit volontaire, ce désobéissant, ce mauvais sujet.....

PLANCHE.

Que voulez-vous dire?

CATHERINE.

Je veux dire, monsieur, que, grâce à Dieu, voici mon neveu Jacques retrouvé; que je n'ai plus besoin de la petite somme que je vous demandais sur les gages de mon mari; cependant je suis fâchée, pour M. le comte, que vous ne me l'ayez pas avancée, c'eût été une obligation de plus que je lui aurais eue, et ce que l'on doit aux braves gens comme lui leur porte bonheur, et n'est jamais à charge à personne : mais mon mauvais sujet de neveu, qui n'a pas le bonheur de retrouver ma pauvre sœur vivante, a du moins celui d'être en état de me rendre le service que je vous demandais, et il se gardera bien d'exiger que je mette mes enfans sous la protection de l'homme à qui vous l'aviez adressé à Paris....

### PLANCHE.

Mais, madame Catherine, je ne vous ai pas précisément refusé ce que vous me demandiez, seulement j'étais bien aise de vous faire sentir que les pauvres habitans de ces montagnes stériles sont fort heureux d'avoir à Paris des compatriotes qui les débarrassent de leurs enfans..... Du reste, je suis ravi de revoir votre neveu, grand, fort, et dans un état qui annonce à la fois l'aisance et la bonne santé.

### JACQUES.

Dans un état auquel vous ne vous attendiez guère, n'est - ce pas, M. Planche? Pouviez-vous vous attendre à me voir reparaître ici autrement que couvert de haillons et dégradé physiquement et moralement, comme reviennent tous les petits garçons qu'on envoie à Paris, pour y servir de pâture à de grands butors qui se disent leurs tuteurs, et à la voracité desquels je n'ai échappé que par une sorte de miracle?.....

PLANCHE.

J'espérais que maître François, étant votre parent, vous traiterait mieux que tout autre.

JACQUES.

Maître François n'a de parent et d'ami que lui-même. Ne croyez pas pourtant que je conserve quelque rancune de sa conduite à mon égard; au contraire, je lui en dois de la reconnaissance, puisque, si elle eût été meilleure, je ne serais pas aujourd'hui dans la position heureuse dans laquelle je me trouve. Mais il faut que je vous fasse connaître cette conduite, cela vous dégoûtera peut-être du honteux trafic que vous faites avec lui des petits garçons de ce pays.

J'avais dix ans lorsque vous me fîtes partir pour Paris avec plusieurs petits camarades à peu près de mon âge, tous de ce village ou des environs. C'était en 1816. Nous fûmes tous mis sous les ordres d'un conducteur qui, bien que jeune encore, avait déjà fait plusieurs fois ce voyage. Tant que nous fûmes dans ces pauvres montagnes, où il espérait augmenter le nombre de ses recrues, il nous traita assez bien, nous fit loger et manger dans quelques fermes, en payant; mais quand une fois nous fûmes arrivés dans la plaine, il nous prit à tous le peu d'argent que nous avaient donné nos parens pour nous aider à faire notre route, et nous força à ramoner de village en village, pour gagner notre vie, disait-il, et pour nous exercer dans le métier que nous allions faire à Paris. Quoique ce genre de travail soit fort rebutant, je ne laissai pas de m'y livrer avec tant de zèle, qu'au bout de quelques jours j'étais devenu un petit ramoneur intrépide, grimpant lestement dans les cheminées les plus difficiles, et où la plupart de mes camarades, quoique plus âgés que moi, n'auraient pas osé monter ; mais bien que, par mon travail, je gagnasse plus d'argent qu'il ne m'en fallait pour vivre, notre conducteur voulut m'obliger à mendier sur la route, comme le faisaient les autres, qui tous y avaient facilement consenti, et tendaient la main avec beaucoup d'empressement à tous les passans. Pour moi, je ne voulus pas le faire : « J'aime » mieux, dis-je à notre conducteur, ramoner » deux cheminées pour une, que de m'avilir » à demander l'aumône, quand je peux vivre » de mon travail. — Va ! me répondit-il, tu » ne seras jamais qu'un petit orgueilleux ; ne » sais-tu pas que ceux qui ont, sont faits

» pour donner à ceux qui n'ont rien, et que
» les pauvres sont les membres de Jésus-
» Christ... » Cette morale ne me convenait
point du tout. Néanmoins, comme ce conducteur s'emparait tous les jours de l'argent que
j'avais gagné, aussi bien que de celui que
mes compagnons avaient obtenu de la pitié
des passans, il fallait bien que le soir je
partageasse avec tous les autres l'asile qu'il
obtenait de la charité de quelques bons cul-
tivateurs, quoique au moyen de notre argent, dont sa bourse était remplie, il eût
bien pu nous nourrir et nous loger convena-
blement : mais, en ce point, j'étais bien forcé
de faire comme il le voulait. Cependant,
comme j'étais infatigable, au lieu d'aller en
arrivant m'étendre, à l'exemple de mes camarades, sur la paille que nos hôtes nous accor-
daient souvent avec quelque nourriture, pour
les remercier de leur charité, je m'empressais
de leur rendre de petits services, dont je fus
souvent récompensé, en secret, par quelques
pièces de monnaie, et par quelques morceaux de viande et de pain, et même quelques bons verres de vin, qui ne laissaient pas
de me tenir frais et dispos, tandis que mes
petits compagnons étaient exténués de misère, ne buvant que de l'eau et ne man-

geant que du mauvais pain. Bien persuadé que notre conducteur se serait emparé de ce que l'on me donnait, comme il le faisait de ce que je gagnais, je pris le parti de le cacher soigneusement, ne partageant avec mes camarades que les morceaux dont on me gratifiait pour prix des services que je rendais pendant qu'ils dormaient. Quoique dans le voyage j'eusse plus rapporté par mes ramonages, que chacun des autres par les aumônes qu'ils avaient reçues, notre conducteur m'avait pris en haine, parce que j'avais refusé de mendier à leur exemple; mais, sans m'en inquiéter, je n'en achevai pas moins ma route gaîment et lestement, criant dans tous les villages : « Ramonez la cheminée du haut en bas; » recevant, de temps en temps, quelques pièces qui, cachées dans un coin de mon sac, échappèrent aux yeux de notre argus, et furent converties, avant mon arrivée à Paris, en une pièce de vingt francs, par une bonne fille de ferme qui voulut bien me la donner en échange, et la coudre dans un bouton de ma veste.

On peut bien penser que notre guide ne manqua pas de me représenter à maître François comme un mauvais sujet, un désobéissant. Ce cœur de roche, qui est lui-même logé fort proprement et très-commodément, nous entassa, en arrivant, dans un galetas, avec une vingtaine d'autres petits ramoneurs qui y couchaient sur de la paille à demi pourrie. On nous distribua à chacun un morceau de gros pain, et l'on gratifia tous mes camarades de voyage d'un verre de petite bierre. Quant à moi, qui n'avais pas voulu me résigner à mendier, je n'eus que de l'eau. Le lendemain, les nouveaux arrivés eurent la permission de se reposer; et moi, dès la pointe du jour, je fus expédié avec quatre anciens pour ramoner les cheminées d'une grande auberge de la rue du Faubourg-Saint-Martin. Je partis gaîment, et j'exécutai promptement le travail dont je fus chargé par celui qui était notre chef. Comme j'étais nouveau, il pensait que je serais plus long que les autres; mais il en fut tout autrement : j'avais déjà ramoné six cheminées, et débarrassé les chambres de la suie que j'avais fait tomber; j'avais même nettoyé les meubles le plus proprement que j'avais pu, qu'ils n'étaient encore qu'à la moitié de leur besogne. La maîtresse de la maison fut si charmée de mon activité et de ma gaîté, qu'elle me fit bien déjeûner, et me donna une pièce de deux francs de gratification, en m'invitant à la cacher soigneusement, de peur que notre chef ne me la prit, comme elle savait que c'était l'usage. Charmé de ses bons procédés, j'osai me permettre de lui demander la permission de venir m'établir à sa porte pour y faire les commissions de sa maison, quand je n'aurais pas d'ouvrage. Non-seulement elle me le permit, mais elle m'y engagea; « Parce que, me dit-» elle, il vaut mieux travailler que de men-» dier, comme le font tous vos camarades, » qui, quand ils sont grands, ne sont que de » mauvais sujets. »

Quand toutes les cheminées furent ramonées, elle fit venir notre chef, lui remit le prix convenu, et quelque chose en sus; ensuite elle nous congédia, et me frappant doucement la joue barbouillée de suie, elle me dit : « Mon petit, n'oublie pas ce dont » nous sommes convenus, et remarque bien » la maison pour la reconnaître. »

Celui à qui elle avait payé et qui avait au moins dix-sept ans, ouvrait deux grands yeux hébétés en voyant cet accueil. Quand nous fûmes sortis, comme le ramonage de commande était terminé pour lui et pour sa petite troupe, il congédia les trois anciens, leur remit à chacun deux sous, en leur recommandant de chercher de l'ouvrage, ou de mendier, pour rapporter le soir au logis chacun leur contingent. Quant à moi, il m'ordonna de le suivre, me fit parcourir plusieurs rues, en poussant le cri ordinaire des ramoneurs; enfin, lassé de crier et impatienté de ne point trouver d'ouvrage, il me conduisit sur le boulevard. Chemin faisant, je lui demandai pourquoi il ne m'avait pas donné deux sous comme aux autres : « C'est que, » dit-il, maître François m'a défendu de » te rien donner que tu n'ayes demandé l'au- » mône à quelque passant, et, d'ailleurs, je » suis sûr que la dame où nous avons ramo- » né ce matin t'a donné quelque chose que » tu caches; mais sois sûr que tu ne le cache- » ras pas long-temps. Tiens, vois-tu ce mon- » sieur habillé en bleu qui vient droit à nous? » demande-lui l'aumône; s'il te donne, ce sera » pour toi; s'il te refuse, je te remettrai les » deux sous dont tu feras ce que tu voudras; » mais si tu ne fais pas ce que je t'ordonne, » je te battrai. — Je me laisserai plutôt ha- » cher, dis-je en pleurant, que de demander » le pain que j'ai gagné. » En effet, ce monsieur passa en me regardant avec intérêt, et je ne lui demandai rien; mais il n'était pas à deux pas de nous que déjà mon camarade m'avait appliqué un soufflet qui me fit pous-

ser les hauts cris : aussitôt le passant se re-
tourna vers nous et lui dit : « Comment un
» grand garçon comme toi ose-t-il battre un
» enfant si petit? — C'est parce que, dit-il, ce
» drôle ne veut pas faire ce que notre père
» lui commande. — Tu es donc son frère
» aîné? répliqua le monsieur. — Oui, sans
» doute, je le suis, dit mon compagnon. — En
» ce cas, ajoute le passant en s'adressant à moi,
» mon petit bonhomme, tu as tort de ne pas
» obéir à ton père et à ton frère aîné. — Mon
» père, mon frère aîné! ah! monsieur, ne
» l'écoutez pas : mon père est mort, ma mère
» est en Auvergne, et je n'ai point de frère ici
» ni ailleurs; mais ce brutal me bat, parce
» qu'il m'a commandé de vous demander l'au-
» mône et que je n'ai pas voulu lui obéir...
» Pourquoi demanderais-je mon pain, quand
» je l'ai gagné ce matin en ramonant six che-
» minées dans la rue du Faubourg-Saint-
» Martin, quand il a reçu le prix de mon tra-
» vail?

    » —Ah! ah! dit alors le monsieur, on ne
» m'a donc pas trompé, quand on m'assu-
» rait que ces grands ramoneurs se condui-
» saient de la sorte envers leurs petits cama-
» rades. Tiens, mon enfant, voilà cinq francs
» que je te donne, sans que tu me les deman-

» des, pour te récompenser de ton courage ;
» persiste toujours dans ta noble fierté, tra-
» vaille et ne mendie pas. Quant à toi, grand
» mauvais sujet, je ne sais à quoi tient que je
» ne te fasse punir de ta brutalité envers cet
» enfant sur lequel tu n'as aucune autorité ;
» mais si j'apprends que tu lui prennes ce que
» je lui donne, et que tu lui fasses le moindre
» mauvais traitement pour tout ce qui vient
» de se passer, tu auras affaire à moi. Est-ce
» que ton maître t'autorise à traiter ainsi les
» petits dont il te confie la conduite ? — Mon-
» sieur, réplique mon conducteur, non-seule-
» ment il m'y autorise, mais il me l'ordonne ;
» car, s'ils gagnent le matin quelque chose au
» ramonage, ils n'ont plus rien à faire le reste
» de la journée, il faut donc bien qu'ils men-
» dient pour rapporter chaque soir trente sous
» à celui qui les héberge, les nourrit, et qui
» sans cela ne pourrait pas s'en tirer. — Ton
» maître et toi vous êtes deux barbares qui
» mériteriez d'être sévèrement punis. Jusques
» à quand l'administration fermera-t-elle les
» yeux sur d'aussi révoltans abus ? Jusques à
» quand de grands lâches se serviront-ils im-
» punément de la faible enfance pour exciter
» à leur profit la commisération publique ? »
Là-dessus ce digne homme nous quitta en

haussant les épaules, mais non sans avoir encore menacé mon conducteur de son courroux s'il osait me maltraiter de nouveau... Celui-ci eut l'air d'abord fort intimidé de ces menaces, et j'eus lieu d'espérer qu'il n'oserait plus me maltraiter, du moins de la journée. En effet, nous arrivâmes au logis sans qu'il se fût rien passé de nouveau entre nous; mais nous n'y fûmes pas plutôt entrés qu'il fit à maître François le récit de tout ce qui venait de nous arriver; alors ce malheureux, auquel vous avez eu l'imprudence de m'adresser, m'accabla de mauvais traitemens, me prit la pièce de cinq francs et celle de deux francs que j'avais reçues de la dame du faubourg Saint-Martin. C'en était fait de ma pièce d'or si elle n'eût pas été cousue dans un bouton de ma veste. Après m'avoir ainsi dépouillé et maltraité, il dit encore à mon conducteur : « Puis-
» que les soufflets que tu donnes à ce petit
» orgueilleux rapportent tant, je t'engage dé-
» sormais à ne pas manquer de lui en distri-
» buer une vingtaine par matinée. »

PLANCHE.

Soyez assuré, M. Jacques, que si j'avais pu croire que maître François fût un homme de ce caractère, je ne lui aurais jamais adressé personne de ce pays...

JACQUES.

Je vous crois, M. Planche ; mais la plupart de ces vieux ramoneurs qui se font les tuteurs des jeunes, ont à peu près le même défaut, et tous contribuent plus ou moins à dégrader le physique et le moral des enfans qu'on leur confie : le physique, en ne leur donnant qu'une nourriture insuffisante et de mauvaise qualité ; le moral, en les obligeant de se livrer à la mendicité et au vagabondage. Mais, pour revenir à ce qui me regarde, maître François, voyant que ces mauvais traitemens, au lieu de m'effrayer, ne faisaient que m'irriter, finit par se radoucir, et par m'adresser un très-beau discours de sa façon, où il prétendait me prouver que ma mère lui ayant loué ma personne, je devais lui obéir en tout, et lui donner, non - seulement ce que je gagnerais, mais même tout ce que l'on me donnerait, puisqu'il était chargé de me nourrir et de m'entretenir : et, pour mieux me prouver que ce qu'il m'avait dit était dans la plus exacte justice, il me fit souper, comme la veille, avec un morceau de gros pain et de l'eau , quoique ma journée lui eût rapporté sept francs, non compris le prix du ramonage de six cheminées.

Cependant je n'avais pas oublié la permis-

sion que m'avait si gracieusement accordée
l'hôtesse de la rue du Faubourg-Saint-Martin;
et l'espoir de me soustraire un jour à l'autorité du tyran que vous m'aviez donné soutenait mon courage et me donnait la force de
tout souffrir. Mon conducteur, bien assuré
qu'il ne m'engagerait jamais à mendier de
bonne volonté, et craignant peut-être la ren-
contre du monsieur à l'habit bleu, n'osait plus
essayer de m'y contraindre par des soufflets;
mais, en revanche, il me faisait ramoner
deux fois plus de cheminées qu'à mes autres
camarades, et je n'en étais pas pour cela mieux
nourri : il est vrai que parfois je recevais
dans les maisons où je travaillais quelques
déjeûners assez copieux, et que l'on me proposait d'en emporter les restes; mais mon conducteur en aurait profité, et c'est ce que je ne
voulais pas. Quant aux petites gratifications
que je recevais, il ne manquait jamais de s'en
emparer.

J'allais, pour me préparer à ma première
communion, aux Missions étrangères, où l'on
m'enseignait le catéchisme sans m'apprendre
à lire, et maître François ne m'y envoyait
que parce que cela lui rapportait un pain de
gratification toutes les semaines, et qu'il espérait bien faire son profit de l'habit qu'on me

donnerait le jour où je serais admis à la sainte table. Mais mon sort ne s'améliorait pas sous le rapport de la nourriture. La mienne était toujours plus mauvaise que celle des autres.

Les choses restèrent sur le même pied pendant plusieurs mois : j'aurais bien voulu échapper à mon vampire ; mais mon conducteur me surveillait si exactement, et me suivait partout de si près, que la chose me fut impossible pendant long-temps. Enfin, un matin, comme nous étions près de la Porte Saint-Martin, et non loin de l'auberge dont j'ai parlé, ce conducteur s'étant aperçu qu'un homme de bonne mine venait de donner une pièce de vingt sous à un mendiant, me dit : « Pour » cette fois tu demanderas l'aumône à ce » monsieur, ou je vais te battre de la bonne » façon. » Je lui répondis que je n'en ferais rien. Mon brutal, emporté par la colère, me frappa ; la foule nous environna, et je profitai du tumulte pour échapper à ce misérable, et me réfugier dans l'auberge dont j'avais remarqué la porte. L'hôtesse était dans sa cuisine ; je lui racontai ce qui venait de m'arriver ; elle me prit sous sa protection, et quand mon prétendu frère vint me réclamer, elle le fit mettre à la porte.

Il y avait là un personnage qui paraissait prendre un grand intérêt à mon aventure, mais qui n'entendait pas le français. L'hôtesse, qui parlait bien la langue de cet étranger, la lui expliqua; et, après un assez long entretien qu'elle eut avec lui, elle vint me dire « que ce monsieur était un Anglais qui avait » chez elle un dépôt considérable de mar- » chandises diverses, et qu'il était disposé à » me prendre à son service, si je voulais » m'attacher à lui pour faire ses commis- » sions par la ville. — Ah! madame, m'écriai- » je, je ne demande pas mieux; mais si mon- » sieur ne me comprend pas, et que je ne le » comprenne pas, comment pourrons-nous » nous entendre, lui pour me commander, et » moi pour obéir? — Laissez faire, dit-elle, » monsieur a un commis qui sait le français » et l'anglais, et quand celui ci sera absent, » je serai votre interprète. »

Dès ce moment il fut décidé que j'entrais au service de sir John; et, me souvenant de mon petit trésor, je détachai de ma veste le bouton qui le contenait, et j'en tirai une pièce de vingt francs, demandant à l'hôtesse si pour ce prix je pourrais avoir un habit plus pro- pre que celui que je portais à faire honneur à mon nouveau maître; elle se mit à rire aux éclats; sir John la pria de lui expliquer ce dont il s'agissait, et lui de rire à son tour, en s'écriant : « Bonne petite garçone, faire son » chemin. » Madame me rendit mes vingt francs, me fit conduire dans un cabinet, où, après que j'eus déjeûné, je vis arriver un fripier tailleur, qui me fournit un habit complet et du linge, et d'où je ne sortis qu'après m'être bien nettoyé, vêtu de neuf de pied en cap, et méconnaissable aux yeux même de maître François, que je trouvai dans la salle de l'hôtesse, à laquelle il me réclamait, accompagné de celui qui m'avait battu. Cette bonne dame l'éconduisit. Il s'adressa au commissaire de police du quartier, mais celui-ci, qui se trouvait être justement le monsieur à la pièce de cinq francs, au lieu de satisfaire à sa demande, lui reprocha l'atrocité de sa conduite à mon égard. Ainsi, de ce jour, je renonçai pour jamais au ramonage, je fus soustrait à la domination de cet homme barbare, et je devins le serviteur fidèle du plus loyal et du plus généreux des négocians.

Le commis de M. John, auquel je me plus à rendre de petits services aux heures où je n'avais pas de commissions à faire, eut la bonté de m'enseigner à lire et à écrire, ainsi que de m'apprendre, en même temps, l'an-

glais et le français; en sorte qu'au bout de
six mois, mon maître et moi n'avions plus
besoin d'interprète, et qu'au bout de deux ans
je fus en état de tenir les livres, quand le commis était en voyage. Celui-ci étant devenu l'as-
socié de la maison John, je devins moi-même
commis-voyageur à sa place. J'allai en Suisse,
en Allemagne, en Russie, en Turquie; partout je fus assez heureux pour faire de bonnes affaires; enfin, M. John et ses associés,
pour me récompenser de mes services, m'ont
donné un intérêt dans leur commerce qui est
immense, sans cesser de m'employer comme
voyageur.

Vous voyez, M. Planche, que je suis arrivé
à la fortune par une route qui a conduit à la
misère tous ceux qui l'ont tenue sous vos aus-
pices et sous ceux de votre digne ami maître François, et vous voyez aussi que sans la
fermeté de mon jeune caractère, sans la bienveillance de l'hôtesse du faubourg Saint-
Martin, et peut-être sans ma pièce de vingt
francs, non pas qu'elle m'eût servi à quelque
chose, mais parce que la certitude de la pos-
séder soutenait mon courage, je n'aurais pas
échappé au sort commun.

**PLANCHE.**

Je vois, M. Jacques, que vous ne pardonne-

rez jamais à maître François sa dureté d'âme
à votre égard; cependant il est votre parent.

JACQUES.

M. Planche, on doit un parent au hasard;
un ami est l'homme de notre choix, et maître
François est le vôtre. Quant à sa dureté d'âme,
si je ne la lui pardonne pas, c'est à cause du
tort qu'elle a fait à plusieurs des enfans de ce
pays; pour moi, elle ne m'a fait que du bien :
s'il ne m'eût pas traité d'une manière si
cruelle, je n'aurais pas cherché à me soustraire à son autorité; et je ne serais jamais
devenu propre qu'à être un jour ce qu'il est
aujourd'hui. Au reste, Monsieur, puisque
vous connaissez son caractère, pourquoi lui
adressez-vous tous les ans des jeunes garçons
du village? pourquoi lui vouliez-vous confier
les deux fils de ma tante?

PLANCHE.

Mais, monsieur, j'ignorais absolument des
détails aussi affligeans de la part de ce mons-
tre à votre égard.

JACQUES.

Vous ne le pouviez pas; je vous en ai instruit moi-même, huit à neuf mois après l'a-
voir quitté, c'est-à-dire dès que j'ai su écrire :
je vous priais, en même temps, d'informer
ma mère de ma nouvelle position, et de lui

promettre incessamment des secours de ma part.

PLANCHE.

J'ai reçu cette lettre, à la vérité; mais pouvais-je lui en faire part, et lui causer une émotion trop vive, lorsqu'elle était au lit de la mort?

JACQUES.

Cette émotion l'aurait peut-être rappelée à la vie.

PLANCHE.

J'ai consulté à ce sujet M. le curé, qui m'a conseillé d'attendre au lendemain; mais la pauvre femme n'était déjà plus, et je me suis empressé de vous apprendre son décès. Quant à ce qui regarde tous les torts de maître François, pouvais-je m'en rapporter au dire d'un enfant irrité?

JACQUES.

Non, monsieur, il ne fallait pas vous en rapporter à ce que je vous écrivais, mais consulter les exemples que vous aviez sous les yeux. Avez-vous jamais vu un des enfans que vous lui avez envoyés, revenir dans ce pays autrement que couvert de haillons et avili par la misère? Aucun d'eux a-t-il jamais rapporté dans son village la moindre connaissance, la moindre industrie utile, le moindre goût

3

pour le travail? non. Cependant vous vouliez encore confier à cet homme mes cousins, auxquels vous savez bien que M. le comte s'intéresse.

PLANCHE.

Il est vrai; mais vous ne donniez plus de vos nouvelles : nous n'en recevions ni directement, ni indirectement.

JACQUES.

J'ai sans doute eu tort de ne pas m'adresser à M. le curé; mais je craignais de détourner ce digne pasteur de ses fonctions; d'ailleurs, tous les ans je me suis proposé de venir moi-même, sans qu'il m'ait été possible de satisfaire plus tôt mon désir à cet égard. Malheureux les cantons, où, comme dans celui-ci, il n'y a qu'un individu qui sache lire et écrire! il devient l'homme d'affaires du riche propriétaire, s'il y en a un, le confident forcé du malheureux, et abusant de son petit savoir, au lieu de s'en servir pour mettre ceux-ci en relation avec son maître, il ne l'emploie que pour leur fermer tout accès auprès de lui!

PLANCHE.

Je me suis toujours empressé de faire connaître à M. le comte les besoins des habitans de ce village. Si j'ai continué d'adresser à maître François les petits garçons que leurs parens n'ont pas le moyen de nourrir, c'est que cet homme y est né, et qu'ayant eu assez d'intelligence pour faire ses petites affaires, j'ai supposé qu'il en aurait assez aussi pour indiquer à ceux que je lui adresse les moyens de les faire eux-mêmes.

JACQUES.

Quels moyens, grand Dieu! le mensonge et la mendicité, l'avarice et l'inhumanité! Ah! M. Planche!.....

PLANCHE.

Que voulez-vous, monsieur? il faut bien que ce pays se débarrassè d'un superflu de population qu'il ne pourra jamais nourrir.

JACQUES.

Non, sans doute, tant qu'il n'y aura pas plus d'industrie.

En ce moment le facteur de la poste arriva, et remit à M. Planche les journaux de Paris et une lettre de M. le comte, par laquelle celui-ci annonçait sa prochaine arrivée au château, attendu la convocation des colléges électoraux pour la nomination d'une nouvelle Chambre. Ces nouvelles inspirèrent à ce régisseur la crainte d'encourir bientôt l'animadversion du général, s'il venait à être instruit de sa conduite avec Catherine et avec Jacques; c'est pourquoi il reprit la conversation en ces termes :

PLANCHE.

Je conviens, M. Jacques et M<sup>me</sup> Catherine,

que j'ai bien quelques torts envers vous, mais soyez persuadés que je vous ai toujours voulu du bien, et que je m'empresserai d'engager M. le comte, qui sera ici peut-être ce soir ou demain, à vous en faire beaucoup.

JACQUES.

M. le comte sera ici ce soir; je l'ai vu au chef-lieu du département, où il ne s'est arrêté que pour avoir une entrevue avec le préfet, et d'où il se rendra ici incessamment. Au reste, monsieur, ma tante ni moi n'avons besoin de vos recommandations auprès de lui, nous ne demandons pas que vous cherchiez à nous faire du bien, nous vous prions seulement de cesser de faire du mal aux enfans de ce pays, en les envoyant à votre correspondant François.

PLANCHE.

Mais, Monsieur, comment voulez-vous donc que le village nourrisse tous ces petits garçons?

JACQUES.

Ecoutez-moi, monsieur, à ce sujet, et je vous assure que, si vous voulez entrer dans mes vues, ni ma tante ni moi n'instruirons M. le comte de ce qui s'est passé.

PLANCHE ( *un peu rassuré* ).

Je m'y engage de tout mon cœur.

**JACQUES.**

Tant que l'on continuera d'adresser de ces montagnes, les enfans qui se destinent au ramonage, aux hommes qui font, à Paris, profession de les recevoir, ils n'en reviendront ni plus habiles, ni plus capables que par le passé d'être utiles au pays qui les a vus naître; le ramonage est une profession qui ne convient qu'aux enfans de dix à quinze ans; passé cet âge, ils sont trop gros pour se glisser dans les tuyaux des cheminées, surtout dans les grandes villes, où on les fait très-étroits; d'un autre côté, ces petits ouvriers ne trouvent guère d'ouvrage que le matin, et seulement dans quelques saisons; vous voyez donc que, si, dans l'âge où ils peuvent ramoner, ils ne s'occupent pas d'autre chose, il faut bien qu'ils passent leur temps dans les rues de Paris, où ils rencontrent souvent des exemples dangereux, et où ils mendient. N'ayant rien appris pendant leur enfance et leur première jeunesse, que voulez-vous que deviennent ces petits ouvriers quand ils sont trop grands et trop forts pour ramoner et pour exciter la commisération publique, comme ils réussissaient à le faire par la faiblesse de leur enfance? Il faut nécessairement qu'ils se fassent porte-faix, quand ils en ont le courage, ou qu'ils deviennent d'autres tyrans de l'enfance, à l'exemple de ceux dont ils ont été les victimes. S'ils retournent dans leur pays, n'y seront-ils pas plus à charge qu'ils n'y eussent été quand ils étaient petits? Heureusement il se forme à Paris une institution en faveur des jeunes ramoneurs, à laquelle on aurait dû songer depuis long-temps. Elle sera formée dans les vues les plus philanthropiques et les plus dignes d'intéresser tous les amis de l'humanité; elle doit fixer l'attention de tous les honnêtes gens, surtout de ceux qui habitent ce pays, quoique ses conséquences heureuses puissent avoir la plus grande influence sur toute la France, et dans tous les États où l'on en établira une semblable. Mais, pour ne parler ici que de ce qui regarde ces contrées, auxquelles je m'intéresse avant tout, j'espère qu'au lieu d'en adresser désormais les petits garçons à votre ami, vous les enverrez à cette institution, d'où ils ne reviendront que capables de rendre d'utiles services.

PLANCHE.

Je vous le promets, Jacques.

JACQUES.

J'y compte..... Il est temps, ma tante, que nous allions voir votre mari et mes petits cousins; je ferai ensuite une visite à notre curé.

Ah! c'est un excellent prêtre que celui-là ; il unit la religion à la tolérance, beaucoup de vertus à beaucoup d'indulgence, et l'amour de Dieu à celui du prochain. Adieu, M. Planche, nous nous reverrons demain ; j'espère trouver ici M. le comte, ainsi que notre respectable pasteur, auxquels je veux faire goûter les avantages de la nouvelle institution.

PLANCHE.

Ma foi, voilà un homme qui m'étonne et que j'ai intérêt de ménager.....

> Le lendemain, M. le comte étant arrivé, M. Jacques et le curé vinrent déjeûner avec lui, et, à la suite de ce repas, il y eut entre eux, relativement à l'institution en faveur des jeunes ramoneurs, un entretien dont voici la substance.

LE COMTE.

Je suis enchanté, M. Jacques, du récit que vous venez de nous faire de vos aventures ; il prouve qu'avec de l'intelligence, de la fermeté dans le caractère, et de la probité, l'homme parvient presque toujours à s'arracher à la pauvreté dans laquelle il est né, et à se mettre, comme vous le dites fort bien, sur le chemin de l'opulence. J'aime surtout à voir que vous avez conservé le souvenir des sages leçons dont notre bon curé avait nourri votre enfance, et auxquelles je crois comme

vous qu'il faut attribuer vos succès, ou du moins cette horreur de la mendicité, du mensonge et de l'oisiveté, qui fortifia votre âme et vous imprima le noble caractère qui vous distingue. Ma foi, mon cher pasteur, je dois en dire autant que notre ami Jacques; je me rappelle fort bien qu'avant mon départ pour l'armée, n'étant encore que vicaire de la paroisse, vous me dîtes souvent, et vous me répétâtes encore au moment que j'eus le sac sur le dos : « Mon cher Achille, instruisez-vous
» bien de tout ce qui concerne la profession
» que vous allez embrasser; remplissez-en
» bien tous les devoirs, n'en négligez aucun;
» soyez obéissant à vos supérieurs, obligeant
» pour vos camarades, intrépide devant l'en-
» nemi, Dieu vous aidera et vous parvien-
» drez. » Je n'ai point oublié vos conseils, je les ai suivis; aussi suis-je parvenu, de grade en grade, au rang que j'occupe, et il n'en est pas un que je n'aie gagné à la pointe de mon épée, ou obtenu par quelque service; je puis dire qu'aucun d'eux ne m'a été envié, et que jamais mes camarades n'ont été fâchés de me voir devenu leur supérieur. Mais revenons, mon cher Jacques, à votre institution en faveur des jeunes ramoneurs; l'idée m'en plaît; vous y tenez et moi aussi, puisque les

résultats immédiats paraissent devoir être surtout favorables à la population malheureuse de ces contrées. J'ai bien entendu parler de cette institution à Paris, mais vaguement et par des personnes qui n'y prenaient pas un grand intérêt; je m'en serais procuré les statuts; je m'en serais entretenu avec le fondateur, et je les aurais médités si j'en avais eu le temps; mais la dissolution de la Chambre et la convocation des colléges électoraux m'ont rappelé ici subitement. Mon poste, que je n'abandonnerai jamais, ni dans la paix ni dans la guerre, est maintenant au collége de mon arrondissement, et ensuite à celui de mon département, et j'y voterai selon ma conscience. Mais laissons cela, parlons de votre institution, dont vous avez, dites-vous, bien étudié et longuement médité les statuts; expliquez-moi d'abord les projets de son fondateur, vous m'indiquerez ensuite les moyens réels et présumés d'exécution et de succès.

JACQUES.

Ses projets sont d'accueillir tous les enfans qui se rendent à Paris dans l'intention de s'y livrer au ramonage, de les loger et de les coucher proprement, de leur donner une nourriture saine et abondante, et enfin de leur procurer des travaux qui soient à leur

portée, pendant les heures de la journée où,
n'étant pas occupés à ceux du ramonage, ils
seraient entraînés de l'oisiveté à la mendicité,
et de celle -ci à tous les vices qui en sont la
triste suite, tels que le mensonge, la fourberie,
la duplicité, l'ivrognerie et quelquefois le
vol.

LE COMTE.

Rien de plus sage et de mieux vu.

JACQUES.

L'administration paternelle de notre établissement ne s'est pas seulement proposé de
soustraire l'enfance de ses pupilles au hideux
cortége des vices dont je viens de vous faire
l'énumération, elle a voulu en faire des hommes industrieux et utiles à l'Etat, en les ren-
dant habiles dans quelque profession honorable
et lucrative; pour cela elle les mettra en apprentissage chez quelque fabricant renommé
et de bonnes mœurs, dès qu'ils seront en état
d'y entrer.

LE CURÉ.

Certainement ces vues sont on ne peut pas
plus dignes d'éloges, au moins en ce qui regarde le physique des enfans; car un lit
propre, un dortoir bien aéré, une nourriture
saine et suffisante, sont, à n'en pas douter,
des moyens infaillibles de seconder la nature

dans le développement de leurs forces. Je conviens même que, pour ce qui concerne le moral, les occuper d'un travail proportionné à leur faiblesse, aux heures où celui du ramonage est fini, c'est les soustraire au plus grand nombre des vices que vous venez de nous signaler : mais la religion, l'instruction, M. Jacques ?

JACQUES.

J'y viendrai. Si tous nos honorables fondateurs n'ont rien oublié de ce qui peut contribuer au bien-être physique de leurs élèves, croyez aussi qu'ils n'ont pas négligé ce qui peut contribuer à leur former de bonnes mœurs et à développer leur intelligence ; mais permettez-moi avant tout d'entrer dans les détails relatifs au physique, et d'imiter ainsi la sagesse de ces fondateurs, qui ont cru devoir le considérer comme leur objet le plus important. En cela, M. le curé, il me semble qu'ils se sont conformés à l'une de vos maximes ; car, si j'ai bonne mémoire, quand vous prêchiez contre l'intempérance, vous la faisiez envisager à vos auditeurs comme une source de maladie, et par conséquent de péchés : « Il est, disiez-vous, très-difficile à » celui qui se porte mal, de bien faire. »

**LE COMTE.**

Je me rappelle qu'une fois à l'armée ma santé s'étant altérée, mon courage et mon amour pour le service en souffrirent.

**JACQUES.**

Vous voyez donc que, dans notre institution, on a dû se proposer avant tout un régime propre à conserver la santé et à développer les forces des enfans qu'on y accueille; mais une administration paternelle ne pouvait pas se borner à cela. La santé des enfans est si délicate, nos ramoneurs sont d'ailleurs exposés à tant de circonstances capables de compromettre la leur, ou du moins de l'altérer, qu'elle a dû prévoir le cas de maladie; aussi trouvera-t-on dans l'établissement un local séparé des autres, où les enfans malades seront traités par des médecins et des chirurgiens habiles.

**LE CURÉ.**

Très-bien! Avec de bons médecins et de bons chirurgiens vos malades seront plus tôt rétablis, et les petits paresseux ne pourront pas enfreindre, aux dépens de leurs camarades, la loi divine qui prescrit à l'homme de travailler pour vivre.

**JACQUES.**

Nos ramoneurs coucheront seuls : la couchette sera en fer; le lit sera composé d'une paillasse, d'un matelas, d'un traversin, d'une paire de draps, d'une couverture de laine en été et de deux en hiver. Ils seront divisés, dans leurs dortoirs, en chambrées de onze, qui auront chacune un chef et deux guides : neuf chambrées formeront une compagnie ayant son conducteur; celui-ci couchera à la tête du dortoir, et sera responsable, envers le directeur, de tout ce qui s'y passera, ainsi que des effets qui seront mis à sa disposition, comme les chefs de chambrée le seront, à son égard, de ceux qu'il aura mis à la leur, ainsi que du maintien de l'ordre. Ces derniers délivreront aux guides ce qui leur sera nécessaire, ainsi qu'à chacun des quatre petits ramoneurs qui seront placés sous leurs ordres; enfin, chacun de ces chefs surveillera exactement ses subordonnés, sous le rapport de la propreté et de l'ordre prescrits.

**LE CURÉ.**

Il me semble qu'il y a dans tout cela quelque chose de très-analogue à la composition d'une compagnie.

**LE COMTE.**

Et cela n'en est que mieux; l'organisation militaire serait un modèle à suivre, si personne n'y abusait de son pouvoir....

**JACQUES.**

Ici, il n'y a pas de pouvoir, soit qu'il s'agisse de punir ou de récompenser; il est entièrement entre les mains du directeur de l'institution. Les grades sont des distinctions qu'il accorde aux plus intelligens, aux plus laborieux, aux plus soigneux. Ces grades excitent l'émulation et flattent l'amour propre de ceux qui les ont obtenus; mais aussi ils leur imposent le devoir de surveiller les camarades qui sont sous leurs ordres; car ils sont responsables de leurs fautes et de leurs négligences. La peine qu'ils encourent en ce cas est la dégradation. Si, par exemple, durant la nuit, un guide entend quelqu'un de ses petits camarades qui trouble le repos des autres, il doit en avertir le chef, celui-ci à son tour en avertit le conducteur qui, le lendemain, en rend compte à M. le directeur, à qui seul le droit de punir est réservé. Si, dans l'atelier, quelqu'un des quatre subordonnés d'un guide néglige sa tâche ou trouble les autres dans leur travail, il doit en faire parvenir la connaissance au directeur, par la voie de son supérieur; car si elle lui parvenait par celle de tout autre, il pourrait bien faire entrer mon petit guide trop indulgent dans le rang de ses subordonnés; il en agirait de même à l'égard d'un chef de chambrée ou d'un conducteur, qui ne lui aurait pas transmis l'avertissement qu'il aurait reçu, ou qui aurait négligé de lui faire connaître l'auteur d'une faute qu'il aurait vu commettre lui-même. On voit donc qu'ici l'ordre repose sur un principe d'émulation qui fait naître le désir d'acquérir l'honneur d'un grade et la crainte de le perdre. Voilà, pour ne pas entrer dans des détails trop minutieux, tout ce qui regarde l'ordre intérieur de l'établissement. Vous voyez qu'il est fondé sur le désir naturel qu'ont tous les enfans de mériter la considération de leurs supérieurs, et vous voyez encore que la dénonciation en ce cas n'est point une bassesse, puisque c'est un devoir imposé à chaque sujet en grade, sous peine de perdre cette considération.

Voyons maintenant nos enfans lorsqu'ils sortent pour aller ramoner des cheminées. D'abord, il faut vous dire que l'administration, à qui il est indifférent que ses jeunes pupilles soient occupés au ramonage ou à tout autre travail dans l'intérieur de son établissement, ne leur permettra jamais de sortir que pour faire des ramonages, et lorsqu'ils lui auront été commandés d'avance ; et, pour favoriser en cela les propriétaires, principaux locataires ou autres, elle a établi, chez les principaux débitans des divers quartiers de Paris, des bureaux, où ceux qui désireront faire ramoner une ou plusieurs cheminées iront la veille en faire la déclaration, en ayant soin de bien indiquer la rue et le numéro de leur maison, ainsi que l'heure où ils veulent que cette opération soit faite. Dans la soirée, un délégué de l'administration passera dans ce bureau, y relèvera cette déclaration, la transmettra au préposé de son arrondissement, qui à son tour fera passer à l'administration toutes celles qui lui auront été remises par les délégués sous ses ordres. Supposons qu'il y ait, pour tout Paris, douze cents cheminées à ramoner dans une matinée; quatre-vingts petits ramoneurs, ayant leurs chefs et leurs guides à leur tête, partent à cinq heures du matin, après avoir pris une soupe copieuse et substantielle, et se dirigent par pelotons ou par sections vers les divers quartiers où le travail les appelle. Ils vont droit à la maison du délégué, qui les attend et désigne à chacun d'eux la besogne qu'il doit faire, en observant que, pour les cheminées ordinaires, le nombre ne doit pas être au-dessus de quinze par ramoneur, et en ayant soin de charger les plus forts et les plus expérimentés du ramonage

des plus difficiles; telles sont celles des boulangers, des traiteurs et des charcutiers.

Nos petits ramoneurs, à qui, sous la res-
ponsabilité de ceux qui les dirigeront, il sera
interdit de s'arrêter dans les rues, sous quelque prétexte que ce soit, ni en allant ni en
revenant, n'auront pas la mise malpropre
et même dégoûtante de ceux qui les parcou-
rent aujourd'hui, en faisant retentir l'air de
leurs [illegible] monotones; ils marcheront en silence
à leur besogne, vêtus d'une veste et d'un
pantalon de gros drap brun, ayant de bons
souliers à leurs pieds, et la tête couverte d'un
chapeau de cuir bouilli. Ils porteront deux
sacs; l'un contiendra leurs outils et leur habillement de travail : celui-ci consistera en une
blouse de toile noirâtre, en un bonnet de
laine de la même couleur, et en un capuchon
semblable à ceux que portaient autrefois les
confrères pénitens dans leurs processions ;
enfin en une paire de chaussons de cuir et une
paire de guêtres noires. L'autre sac sera destiné à rapporter à l'établissement la suie que
chacun aura fait tomber des cheminées qu'il
aura nettoyées. Quand chaque ramoneur aura
terminé la besogne qui lui aura été assignée,
il se rendra chez le délégué du quartier, où il
ôtera son habillement de travail, reprendra

sa veste de drap, après s'être lavé le visage et les mains; là il attendra ses petits camarades s'ils ne sont pas arrivés; quand tous seront réunis, le délégué les renverra à l'établissement dans le même ordre qu'ils en étaient partis, chacun chargé de ses deux sacs. Ce délégué, qui aura surveillé le travail de ces petits ouvriers, et eu soin qu'il soit bien exécuté, en touchera le prix, le fera passer à son préposé, qui le soir rendra compte à l'établissement de tout ce qu'il aura reçu dans la journée. En rentrant, les ramoneurs déposeront leur suie dans un endroit à ce destiné; chacun d'eux placera ses deux sacs, après les avoir secoués, dans la cour, ensuite il se rendra au réfectoire, où le dîner se fera en commun entre midi et une heure.

Après ce repas, on rentrera dans les ateliers, où chacun se livrera à sa besogne jusqu'à six heures du soir, en toute saison; alors on soupera de même en commun, et l'on s'amusera jusqu'à sept.

## LE COMTE.

Voilà sans doute une journée bien remplie et qui ne laisse pas de place à l'oisiveté; mais quel sera, pour ces petits bons hommes, le prix d'un travail aussi assidu?

JACQUES.

Le prix sera de deux francs par jour de travail; car celui qui n'aura pas été occupé au dehors aura rempli dans les ateliers une tâche non moins productive et non moins lucrative pour l'administration.

LE COMTE.

Mais vos petits drôles sont mieux payés que nos grenadiers.

JACQUES.

Cela doit être : les défenseurs de l'État et les soutiens du trône remplissent un devoir ; ils fondent leur honneur, leur gloire et leur avancement sur son accomplissement, et ils attendent de leurs services une existence assurée dans leur vieillesse ; mais quelque honorables que soient ces services , ils coûtent à l'État, et ne lui produisent rien que la sûreté intérieure et extérieure; mais les travaux de nos petits ramoneurs sont à la fois utiles à la société et productifs pour l'administration, au compte de laquelle ils les exécutent. Il est donc juste que celle-ci fasse tourner au profit des ouvriers qu'elle emploie une grande partie de ses bénéfices.

LE COMTE.

Cela est juste sans doute ; mais je ne vois pas

trop la source de ces bénéfices dont vous me parlez.

JACQUES.

Il n'y en eut jamais de plus certaine; c'est ce que je ne tarderai pas à vous démontrer, quand j'en serai à l'article où je traiterai des moyens que l'administration se propose d'employer pour l'exécution de ses projets; mais il faut procéder par ordre dans tout ce que l'on dit comme dans tout ce que l'on fait, et avant tout je dois satisfaire M. le curé sur tout ce qui regarde l'éducation morale, intellectuelle et religieuse de nos jeunes pupilles.

LE COMTE.

Mais à votre zèle, à vos expressions même, *nos jeunes pupilles*, *nos petits ouvriers*, on dirait que vous êtes un des fondateurs de cet établissement.

JACQUES.

Non, monsieur, je me propose seulement d'être un jour un de ses actionnaires; mais je m'identifie volontiers avec toutes les entreprises qui me paraissent utiles.

LE CURÉ.

Et moi-même aussi, M. Jacques, et j'avoue franchement que j'attends avec impatience vos

explications sur la partie de votre établissement
qui m'intéresse le plus. Tout ce que vous avez
dit jusqu'à présent m'a paru fort bon et sagement
réglé; mais il me semble que votre administration s'est réservé bien peu de temps pour soigner
l'esprit et le cœur de ses élèves, et qu'elle a voulu plutôt en faire de bons ouvriers que des hommes instruits et pieux.

JACQUES.

Vous allez voir bientôt, M. le curé, qu'elle n'a
rien au contraire négligé sous ce dernier rapport.

LE COMTE.

Parbleu! je suis curieux de savoir comment
vos petits diables, qui se lèvent à cinq heures
du matin, commencent à travailler à six, ont à
peine le temps de manger, trouveront, après sept
heures du soir, celui de s'instruire.

JACQUES.

Il ne faut pas croire, M. le comte, que l'instruction des enfans exige beaucoup de temps et
une grande contention d'esprit, quand on ne veut
pas en faire des savans : quand on se propose seulement de les rendre capables de conduire eux-mêmes leurs propres affaires et de se rendre compte
de leurs travaux, la lecture, l'écriture, l'arithmé-
tique et les élémens du dessin linéaire suffisent

pour cela ; et c'est ce qu'un enfant d'une intelligence ordinaire peut apprendre en deux ans par
la *méthode lancastérienne*, en y consacrant deux
heures par jour. Nous aurons donc une école mutuelle dans notre établissement, et nos pupilles
s'y rendront tous les jours depuis sept heures jusqu'à neuf heures du soir.

LE CURÉ.

Je sais fort bien que par cette méthode on ap-
prend plus vite et aussi sûrement que par l'an-
cienne; que l'enseignement mutuel, occupant à
la fois le corps et l'esprit, est pour les enfans une
sorte d'exercice pendant lequel tout ce qu'ils ap-
prennent se grave dans leur mémoire d'une manière ineffaçable; j'aurais même introduit cet enseignement dans ma paroisse si j'eusse été secondé,
mais j'ai dû y renoncer.

LE COMTE.

Que ne m'en parliez-vous, morbleu! je n'aurais pas hésité à faire les frais de cet établissement.

LE CURÉ.

Je n'en doute pas, mais.....

LE COMTE.

Soyez assuré, M. le curé, qu'avant peu nous
aurons ici une école mutuelle.

LE CURÉ.

Sans doute ces écoles sont favorables à l'instruction, et les fondateurs de votre institution
ont bien fait d'en établir une dans leur maison; mais la morale, la religion.

JACQUES.

Vous verrez qu'on n'a rien négligé à cet
égard, quand je vous aurai donné connaissance de tout ce qui regarde l'instruction nécessaire à la vie temporelle. A mesure que
nos enfans se perfectionnent dans la lecture,
l'écriture et le dessin linéaire, l'administration cherche à reconnaître le goût et les dispositions que chacun d'eux peut avoir pour
telle ou telle profession, et quoiqu'elle n'ait
pas exclusivement pour but le bien de ces
contrées, cependant, comme dans le principe
elles lui fourniront la plupart de ses pupilles,
M. le directeur se propose de diriger leurs
dispositions vers quelque art qui, pratiqué
en grand dans nos montagnes, y ferait naître l'aisance. Si, par exemple, au lieu de ces
pins et de ces sapins inutiles à la nourriture
de l'homme, on voyait sur leurs tristes som-
mets croître le châtaignier, dont les fruits
sont un aliment agréable, et d'autres arbres
fruitiers que l'on pourrait y acclimater avec
un peu d'industrie et de persévérance, nos

montagnards, naturellement si robustes à cause du bon air qu'ils respirent, seraient-ils obligés de se débarrasser de leurs enfans, et souvent de s'expatrier eux-mêmes, pour aller chercher au loin, en exerçant le triste métier de fondeur de cuillers, de rétameur de fourchettes, ou de scieurs de long, une substance que leur refuse la terre qui les a vus naître? S'il y avait ici de grandes fabriques d'horlogerie, comme il y en a dans quelques montagnes de la Suisse, est-ce qu'elles n'y feraient pas naître l'aisance, et circuler beaucoup d'argent? Si nous savions filer, tisser les laines de nos troupeaux, que nous vendons en suint, est-ce que nos manufactures de draps n'attireraient pas dans ce pays beaucoup de richesses, tout en procurant à ses habitans les moyens de se pourvoir de vêtemens plus durables, plus commodes, plus légers et plus chauds en même temps, que les bures et les droguets grossiers dont se couvrent aujourd'hui ceux même qui ont le plus d'aisance? Mais nous n'avons ici que quelques sabotiers, quelques chaudronniers maladroits, quelques laboureurs et quelques bergers ignorans.

LE COMTE ET LE CURÉ (*ensemble*).

Tout cela n'est malheureusement que trop vrai; mais le moyen de changer le triste sort de ce pays, où nul capitaliste ne se soucie de hasarder ses fonds, où nul homme industrieux ne veut venir s'établir?

JACQUES.

Le moyen? Notre institution vous l'offre; je vous ai déjà dit que le directeur de l'établissement se proposait de diriger le goût de ses pupilles vers la théorie et la pratique de quelque art qui pût être utile à leur pays natal. Quelques-uns d'eux montreront-ils du goût pour l'agriculture? on cherchera à le développer et à le nourrir, en leur mettant sous les yeux un petit traité élémentaire de cet art, le premier et le plus utile de tous; on les placera ensuite chez quelques pépiniéristes renommés; là ils apprendront l'art de préparer les terres, de manière à les rendre propres à nourrir et à faire prospérer telles ou telles plantes; ils étudieront les propriétés des divers végétaux; ils s'instruiront des expositions et des terres dans lesquelles ils se plaisent le mieux ; enfin ils se rendront habiles dans l'art de tailler, de greffer les arbres, et dans la pratique de tous les moyens par lesquels l'homme exerce une influence si grande et si favorable à ses jouissances personnelles sur toutes les productions végétales qu'il soumet à sa culture.

D'autres ramoneurs montrent-ils du goût

5

pour la mécanique? on leur fait lire un traité élémentaire de cet art. Si l'on s'aperçoit qu'ils s'exercent d'eux-mêmes à la construction de quelque machine, on les envoie tous les dimanches aux cours gratuits que M. le baron Dupin fait au Conservatoire des arts et métiers; on les perfectionne dans le dessin linéaire; enfin on les met en apprentissage chez quelques habiles mécaniciens, des horlogers, par exemple (1).

Les premiers retournent-ils dans leurs villages? ils embellissent, enrichissent, rendent fertiles des terres dont leurs pères, à force de sueurs et de travaux, tiraient à peine une nourriture grossière et souvent insuffisante : les autres y portent une industrie inconnue avant eux, et propre à y faire naître l'aisance.

LE COMTE.

Mais, mon cher Jacques, savez-vous que les fondateurs de votre établissement ont des vues très-philanthropiques, très-élevées et très-vastes? Quoi! je pourrais voir un jour ces montagnes, ces coteaux, ces vallons couverts d'ar-

---

(1) Nous n'avons cité ces deux professions que comme des exemples; mais l'administration laissera ses pupilles libres dans le choix de leur profession : ainsi, si un jeune ramoneur avait du goût pour l'état de domestique, elle le placerait chez un perruquier, où il acquerrait les petits talens nécessaires à un valet-de-chambre, etc., etc., etc.

bres fruitiers , de plantes céréales , légumineuses ,
de fleurs même de toutes espèces , moi qui n'ai
pu y trouver un homme en état de soigner mon
potager ? J'y verrais faire des horloges , des pen-
dules , des montres , moi qui suis obligé d'envoyer mon tourne-broche à Clermont quand il
se dérange , craignant qu'on ne me le brise à
Saint-Flour ? tout cela n'est pas possible. Quand
vos petits ramoneurs seront devenus habiles , le
diable ne les fera pas revenir dans leur pays.

#### LE CURÉ.

Je pense que vous vous trompez. L'homme
aime à retourner aux lieux de son berceau , il y
revoit avec délices les objets qui furent chers à
son enfance , et s'il y trouve des moyens d'existence assurés , il s'y fixe et ne les quitte plus ;
mais il n'y fait que passer s'il est obligé d'aller
chercher ces moyens ailleurs.

#### LE COMTE.

Vous avez raison , pasteur , vous avez raison ;
combien de fois , au milieu des camps et des succès , n'ai-je pas soupiré pour ce misérable village ! Écoutez , M. Jacques , je suis partisan , mais
partisan déclaré de votre institution ; et si elle

tient ce qu'elle promet, vous pouvez assurer le directeur que j'établirai ici, en faveur de ses pupilles, une ferme expérimentale, une pépinière, et peut-être une fabrique de draps et d'horlogerie. Qu'en dites-vous, mon brave et pieux pasteur? quel bonheur pour vous et pour moi, si nous pouvions voir la prospérité régner dans ce village!

LE CURÉ.

Je dis, monsieur, que rien n'est plus séduisant que ce que je viens d'entendre, et que si, sous le rapport de la religion et de la morale, M. Jacques parvient à me satisfaire, comme il y est parvenu sur les autres points, je deviendrai un des plus zélés prôneurs de son institution.

JACQUES.

La morale est la règle des devoirs de l'homme envers ses semblables et envers lui-même; la religion, qui en est la sanction, est celle de ses rapports avec la Divinité, c'est le lien qui unit la créature au Créateur, la faiblesse à la toute puissance, la vie de ce monde à l'éternité.

LE CURÉ.

Je ne connais pas de docteur qui ait mieux parlé sur cette matière.

### JACQUES.

Dieu, en nous créant, a jeté dans nos cœurs le germe de la morale; il se développe dans notre enfance, plutôt par les bons exemples que par les bons préceptes; il croît avec l'âge, et quand il est dans toute sa force, les fruits qu'il porte sont les bonnes actions. Comme je vous l'ai fait voir, dans l'intérieur de l'établissement les enfans ne peuvent recevoir que de bons exemples. De bonnes sœurs président à tous nos exercices. Tous les momens de nos élèves sont occupés utilement; pendant leurs repas, pendant leurs récréations, pendant leur travail, ils sont toujours sous les yeux d'un maître et de leurs petits chefs. Ceux-ci sont intéressés à ce qu'ils ne commettent aucune faute, puisqu'ils en seraient eux-mêmes punis, si par leur organe l aconnaissance n'en parvenait pas au directeur, qui en serait infailliblement instruit par toute autre voie. Partent-ils pour aller au travail du ramonage, c'est encore sous la conduite d'un chef responsable. Il ne leur est point permis de s'arrêter dans les rues, ni en allant, ni en venant, et ils n'oseraient le faire, puisque le délégué, qui les attend à la minute, instruirait le directeur de leur retard; ils n'oseraient rien demander dans les maisons où ils ramonent, puisqu'ils auraient à craindre que le délégué, qui y passera après eux, n'en fût instruit. En les obligeant à ne pas s'arrêter dans leur marche, on leur fait éviter ces spectacles honteux et parfois dangereux dont les rues de Paris sont souvent le théâtre. Quand cependant ces spectacles s'offrent à leurs yeux, ils ne portent dans leur cœur que le sentiment de la surprise et du mépris.

Le premier aspect du vice est toujours repoussant; on ne s'y accoutume qu'avec le temps. Les Spartiates, pour inspirer à leurs enfans l'horreur de l'ivrognerie, faisaient quelquefois passer sous leurs yeux un esclave ivre. En éloignant de ses élèves les mauvais exemples; en ne leur en présentant que de bons; en les portant à s'entr'aider pour leur propre intérêt; en récompensant, tantôt par des éloges, tantôt par des distinctions, leur application au travail, leurs progrès, leur conduite amicale envers leurs camarades; en un mot, en ne les abandonnant à eux-mêmes ni le jour ni la nuit, il me semble que l'administration a fermé au vice l'accès de leurs jeunes cœurs, pour n'y laisser pénétrer que la vertu, la charité et la bienveillance, avec une utile émulation. Quant à la religion, elle a ses ministres, et l'un des vicaires de la paroisse sur laquelle se trouve l'établissement, sera prié, avec l'autorisation de M. le curé, de vouloir bien, entre neuf et dix heures du soir, donner à cet égard ses soins à nos jeunes pupilles, qui, d'ailleurs, tous les soirs avant de se coucher, et tous les matins après leur lever, feront la prière en commun. Le dimanche et les jours de fêtes, ils assisteront tous aux offices dans l'église paroissiale. Ceux qui se prépareront à leur première communion seront envoyés aux instructions, et comme ils ne s'y prépareront pas avant de savoir lire, ils apprendront entre eux leur catéchisme, et tout ce qui peut former l'esprit et le cœur à la vertu et à la piété.

### LE CURÉ.

Mais, mon cher petit Jacques, j'ai entendu parler d'une œuvre à peu près semblable qui s'exerce dans l'église des Missions étrangères. Vos fondateurs voudraient-ils nuire à cette œuvre ou la renverser?

### JACQUES.

A Dieu ne plaise, monsieur le curé ! notre œuvre est le complément de celle-ci. Aux Missions étrangères ; les enfans ne sont pas arrachés à la tyrannie cruelle de leurs conducteurs ; ils profitent à peine des bienfaits qu'on leur accordé, et leur première communion faite, ces guides barbares les enlèvent aux pieuses instructions qui leur étaient offertes. Comme il n'y a plus rien à recevoir, ils les en détournent pour les livrer de nouveau à la mendicité et au déshonneur.

Du reste, comme le dimanche et les jours de fêtes il n'y aura point de ramonage ni de travail dans les ateliers, tous les enfans seront conduits à la promenade après le dîner, excepté ceux qui seront en état de suivre le cours de M. Dupin, et qui y se ont conduits à part.

LE CURÉ.

Je ne sais que vous répondre, et, forcé d'approuver toutes les vues des fondateurs de votre institution, il ne me reste plus qu'à vous demander quels sont leurs moyens pour les accomplir.

JACQUES.

Les fondateurs de cette institution ne se sont pas dissimulé les obstacles qui s'opposeraient à son établissement. Ils ont senti qu'ils auraient pour adversaires tous ceux qui font à Paris profession de recueillir de jeunes ramoneurs, dans

la seule vue de tirer parti du travail de ces enfans et de vivre à leurs dépens; ils ont senti de
même qu'il leur serait difficile de faire renoncer
à la mendicité et au vagabondage auxquels ils
sont accoutumés et se croient autorisés par l'u-
sage; ceux des petits ramoneurs qui ont déjà pratiqué dans la capitale; plus difficile encore de les
habituer à un travail assidu et sédentaire; ils ont
senti enfin qu'ils ne parviendraient pas sans
peine à obtenir la confiance des parens de ces
enfans, attendu qu'ils sont habitués à les envoyer
à leurs compatriotes, quoiqu'ils en abusent d'une
manière indigne. Mais toutes ces difficultés, au
lieu de refroidir leur zèle, n'ont fait que l'ani-
mer. Ils comptent, pour les vaincre, sur leur
persévérance dans un projet honorable pour eux,
utile à la société en général, et spécialement à
une classe d'ouvriers intéressans par leur tendre
jeunesse et par la nature des travaux indispensables à la sûreté publique auxquels ils se livrent
et peuvent seuls se livrer. Ils ont compté sur le
concours des personnes éclairées et amies de
l'humanité, sur celui des protecteurs de l'œuvre
des Missions étrangères, sur celui des propriétaires, des principaux locataires et de tous les
habitans de la capitale, que le succès de leur
établissement intéresse le plus spécialement; ils

ont compté sur l'appui d'une administration que
tout doit porter à favoriser une institution dont
le but est d'entretenir en toute saison, à Paris,
le nombre de ramoneurs indispensable à la sûreté, et de purger en même temps les rues et les
places publiques de cette ville immense, du spec-
tacle douloureux qu'ont présenté jusqu'à présent
ces enfans barbouillés de suie, couverts de haillons et inspirant à la fois, par leurs prières et
leur triste aspect, le dégoût et la commisération.
Ils osent surtout compter sur la protection d'un
monarque à qui rien de ce qui peut honorer l'humanité et contribuer au bien public n'a jamais
été indifférent, et sur celle du jeune prince qui
s'élève à l'ombre des lis pour le bonheur de la
France.

Parmi les habitans de Paris, il en est un assez
grand nombre qui, sans considérer la sûreté de
leurs voisins, ni même la leur, négligent de faire
ramoner leurs cheminées quand ils s'aperçoivent
qu'elles en ont besoin. Ils donnent pour prétexte
à cette négligence, qui a souvent causé des in-
cendies, qu'ils n'ont point entendu ni vu passer
de ramoneurs, ou qu'ils sont passés à une heure
à laquelle ils ne pouvaient, sans nuire à leurs intérêts ou à leurs plaisirs, faire exécuter cette opération. En leur ôtant ce prétexte, l'administra-

tion de l'institution croit puissamment servir leur
intérêt. En effet, pour que leurs cheminées soient
ramonées au jour et à l'heure qui leur convien-
dront le mieux, il suffira que la veille ils en fassent la demande au bureau le plus voisin de leur
domicile; non seulement cette opération sera exé-
cutée ponctuellement et conformément à leur désir, mais elle le sera sous les yeux d'un délégué,
qui veillera à ce que tout se fasse avec soin, et
qui par les questions de son expérience pourra
lui suggérer, obtiendra du jeune ramoneur qui
l'aura exécuté des réponses d'après lesquelles il
jugera si une cheminée a besoin de quelques réparations, soit pour prévenir un incendie, soit
pour obvier aux inconvéniens de la fumée. Si le
délégué juge que ce besoin exise, il en préviendra
son préposé; celui-ci en instruira le directeur de
l'institution, qui en avertira immédiatement la
personne intéressée; si celle-ci le juge conve-
nable, elle fera exécuter ces réparations, ou par
un fumiste (1) de l'institution, ou par tout autre
qu'elle jugera à propos d'employer.

LE COMTE.

Voilà sans doute des vues bien salutaires; mais

(1) L'administration en aura toujours un certain nombre
parmi ses employés, et elle en formera elle-même.

pour les mettre à exécution il faut des fonds considérables , et je ne sais pas comment les fondateurs de votre établissement espèrent se les procurer. Quelques désintéressés qu'ils soient , je ne pense pas qu'ils veuillent exposer leur fortune pour fonder un établissement qui tombera infailliblement , du moment même où les recettes n'excédront pas de beaucoup les dépenses.

#### JACQUES.

Les dépenses ne seront pas , monsieur, aussi considérables que vous pourriez le croire. Mais voyons d'abord jusqu'à quelle somme elles peuvent monter; nous verrons ensuite quels sont les moyens de les couvrir , et même d'obtenir des bénéfices considérables, que l'institution fera toujours tourner au profit de ses pupilles et de la société en général.

#### LE COMTE ET LE CURÉ.

Nous vous écoutons.....

#### JACQUES.

La première et la plus importante de toutes les dépenses pour un établissement comme celui-ci , est celle d'un local propre aux vues que se proposent ses fondateurs. Ce local , ils se le sont procuré, il est vaste , en bon air; on y trouve une cour et un jardin, des dortoirs bien aérés, disposés dès ce moment pour coucher plus de deux cents ramoneurs, et assez de logement pour les employés internes de l'établissement; il y a aussi des ateliers. Ce local, d'ailleurs susceptible d'agrandissement, coûte 6,000 francs de loyer, et on peut en faire l'acquisition pour 100,000 francs, avec de grandes facilités que propose le propriétaire actuel, qui prend un grand intérêt au succès de l'institution.

Les meubles d'abord indispensables sont deux cents couchettes en fer, qui coûteront 50 francs chacune, ce qui, pour les deux cents lits, fera 10,000 fr. La fourniture de chaque lit, y compris les bancs et les tables, et deux paires de draps, coûtera 100 fr. : pour deux cents lits, 20,000 fr. Les ustensiles de cuisine, la vaisselle de table coûteront 2,000 fr.

Les dépenses premières et indispensables de l'établissement sont donc :

Couchettes. . . . . . . . . . 10,000 fr.
Fournitures de lits, bancs et tables. . . . . . . . . . . . . 20,000
Ustensiles de cuisine et vaisselle de table. . . . . . . . . . 2,000
Loyer. . . . . . . . . . . . . 6,000

38,000 fr.

Les premières dépenses dont les fondateurs doivent faire les avances ne s'élèvent pas au-dessus de cette somme; déjà ils se sont procuré vingt lits qui sont actuellement dans le local de l'établissement, il en reste donc cent quatre-vingts à fonder. L'administration a cru devoir borner provisoirement à deux cents le nombre de ses lits; premièrement, parce que deux cents ramoneurs suffisent pour toutes les cheminées qu'elle aura d'abord à ramoner; secondement, parce qu'elle a voulu se mettre dans la nécessité d'envoyer ses pupilles en apprentissage après trois ans d'exercice dans son établissement, pour se procurer de la place afin d'en recevoir d'autres, et parvenir à caser insensiblement cinq à six mille ramoneurs qui, pour la plupart sans ouvrage, sont obligés de mendier. Pour se procurer les cent quatre-vingts lits qui lui manquent encore, l'administration accorde à tout particulier le droit d'en fonder un ou plusieurs, moyennant 200 francs par chacun, une fois versés dans la caisse de l'établissement.

Il n'est pas douteux que parmi les personnes aisées et charitables qui existent en France il ne s'en trouve un grand nombre qui s'empresseront de profiter de ce droit, attendu qu'il leur donne à elles et à leurs héritiers ce-

lui de procurer tous les trois ans, à un enfant
malheureux, des moyens d'existence assurés,
de sorte qu'un individu qui survivrait soixante
ans à la date de sa fondation, aurait la satis-
faction de voir vingt sujets formés par sa bien-
faisance à la pratique des arts utiles à la société ; ainsi l'administration, qui a fondé vingt
lits par elle-même, aura dans trente ans d'ici
formé deux cents hommes industrieux qui
peut-être sans elle n'eussent jamais été d'aucune utilité à la société. Ainsi, si les cent quatre-vingts fondations qui restent à faire sont au
complet au 1ᵉʳ janvier 1829, l'institution aura
procuré à l'industrie française en 1860 deux
mille ouvriers laborieux, puisque dans le cours
de trois ans, temps qu'elle juge nécessaire à
leur instruction première, il en sortira toujours
deux cents pour entrer en apprentissage. Parmi ces deux mille ouvriers il s'en trouvera
sans doute plusieurs qui, attendu les soins que
l'on aura pris d'eux dans l'établissement, se
seront rendus pendant leur apprentissage capables d'enrichir notre commerce de quelques
inventions précieuses. Tous du moins seront
devenus des citoyens utiles et propres à faire
fleurir, dans les pays qui les auront vus naître,
des arts qui y étaient encore ignorés lors de
leur départ pour l'établissement.

### LE COMTE.

Je ne doute pas que le nombre de vos lits ne soit bientôt complet; je prétends en fonder cinq pour mon compte.

### JACQUES.

J'en fonderai deux que je destine à mes petits cousins, et dont ils disposeront par la suite en faveur de qui bon leur semblera; voilà pourquoi vous me voyez prendre un si grand intérêt à cette institution.

### LE CURÉ.

Et moi j'en retiens deux pour la paroisse : je veux même établir dans l'église un tronc dont le produit sera destiné à en fonder d'autres.

### JACQUES.

Vous voyez, messieurs, que l'administration sera bientôt couverte, et même au-delà, de ses premières dépenses, puisque cent quatre-vingts fondations lui produiront 36,000 fr., et que par cette somme, ce qu'elle a avancé pour les vingt lits qu'elle a fondés elle-même, ainsi que pour les ustensiles de cuisine et la vaisselle de table, non-seulement se trouve remboursé, mais qu'elle a un surplus de 4,000 fr. qu'elle peut appliquer, si elle le veut, à l'acquittement des deux tiers de la première année de son loyer; mais il n'en sera pas ainsi. Le loyer, étant une dépense annuelle, sera prélevé sur les recettes annuelles, et les 4,000 francs dont il s'agit, ainsi que les 3,000 fr. avancés par l'administration pour les vingt lits qu'elle fournit elle-même, sont destinés à la fondation de son infirmerie, qui exigera cette dépense.

LE COMTE.

Voilà donc vos jeunes pupilles logés et couchés, soit qu'ils se portent bien, soit qu'ils soient malades; mais ce n'est pas tout, il faut les vêtir, les nourrir, blanchir leur linge, les chauffer, les éclairer, les instruire et les payer: voyons jusqu'à quelle somme s'élèveront les dépenses.

JACQUES.

Nous avons dit, monsieur, que l'institution accordait à chacun de ses petits ouvriers deux francs par jour de travail, et c'est sur cette allocation qu'elle prétend retenir de quoi subvenir aux dépenses dont vous venez de parler, et de plus donner quatre sous par jour aux parens de chacun d'eux. Ainsi, sans entrer d'abord dans le détail de chaque dépense en particulier, voyons quelle sera la somme de cette allocation, puisque d'elle seule découlent toutes les autres dépenses.

Nous avons dans l'année trois cent dix jours de travail pour lesquels nos deux cents ouvriers reçoivent chacun deux francs, notre dépense est donc de 400 francs par jour ou de 124,000 francs par an; il s'agit donc uniquement de savoir par quel moyen nous subviendrons à cette dépense. Nous parlerons ensuite de celle qu'exige l'administration tant intérieure qu'extérieure de l'établissement, ainsi que son entretien.

Nos recettes sont fondées 1° sur le produit du ramonage. Il existe, tant à Paris que dans la banlieue, trente mille maisons ayant moyennement, au dire des architectes, cinq étages chacune et six cheminées par étage, ou trente cheminées pour tout le bâtiment. Il y a donc à Paris neuf cent mille cheminées à ramoner par an.

Le tarif du ramonage, fixé par l'administration à un prix inférieur à celui que prennent ordinairement les entrepreneurs de ramonage, est établi comme il suit :

Pour les cheminées immédiatement au-dessous du toit. . . . . » 30 c.

Pour celles des étages inférieurs, par étage au-dessus du foyer. . . » 5

Pour celles dont les tuyaux se prolongent au-dessus de la toiture contre des murs beaucoup plus élevés que le bâtiment, par hauteur extérieure d'un étage. . . . . »fr. 5 c.

Pour les cheminées de cuisine et de fours, quelle que soit leur hauteur. . . . . . . . . . . . . . . .   1     »

Pour celles des charcutiers et traiteurs. . . . . . . . . . . . . . .   »    75

Hors barrière une augmentation de. . . . . . . . . . . . . . .   »    05

D'après ce tarif, le ramonage de trente cheminées d'une maison de cinq étages, distribuée par six à chaque étage, coûterait 12 fr.; tel est le prix irrévocablement fixé pour tous ceux qui se borneront à commander cette opération la veille à l'un des bureaux de l'administration pour la faire exécuter le lendemain et la payer après l'exécution; mais l'administration propose un arrangement plus avantageux à ceux qui prendront un abonnement pour l'année, soit chez l'un de ses préposés, soit à son bureau central, pour le ramonage d'un certain nombre de cheminées à exécuter dans le cours d'une année. Voici les conditions de cet arrangement.

Chaque souscripteur, en se faisant inscrire au bureau du directeur ou à celui du préposé de son arrondissement, recevra un bon de ramonage pour le nombre de cheminées dont il sera convenu; en recevant ce bon il

paiera de suite la moitié de sa souscription,
qui sera fixée à raison de 35 centimes
par cheminée; ce qui, dans le cas précité,
réduirait à 10 fr. 50 c. le prix de 12 fr. qui
sera toujours exigé de ceux qui n'auront pas
souscrit; ainsi muni de son bon, chacun de
MM. les souscripteurs pourra faire ramoner
une ou plusieurs de ses cheminées quand bon
lui semblera, pourvu qu'il en fasse prévenir
l'administration la veille, par la poste ou par
une lettre déposée à l'un de ses petits bureaux,
à moins que le jour n'ait été fixé d'avance,
circonstance qui serait relatée sur son bon;
cette diminution de 1 fr. 50 c. pour le ramonage de trente cheminées, dans une maison
de cinq étages, est fort peu de chose, sans
doute, pour ceux qui n'ont que ce nombre de
cheminées, et ne les font ramoner qu'une fois
par an, mais elle peut devenir considérable
pour les grands établissemens, les grandes
maisons, surtout pour les boulangers, les
charcutiers, les traiteurs et les grandes cui-
sines, qui font ramoner leurs cheminées plusieurs fois l'année, et qui paient toujours
1 fr. ou 75 c. par ramonage, et auxquels l'administration propose par souscription une
diminution de 5 c. par cheminée.

Si nous supposons maintenant que dans la

première année de son établissement, notre institution n'ait à ramoner que la moitié des cheminées de Paris et de la banlieue, et que nous réduisions le prix de chaque ramonage à 35 centimes, nous en aurons à exécuter quatre cent cinquante mille, qui nous produiront . . . . . . . . . . . . . . 157,500 fr.

Le salaire de nos petits ouvriers ne s'élève qu'à. . . . . . 124,000

Donc le produit du ramonage excèdera leur solde de. . . . . . 23,500

Voyons maintenant combien d'heures ils auront employées à ce travail. Le plus faible d'entre eux peut, sans se fatiguer, ramoner avec soin quinze cheminées par matinée, conséquemment deux cents en ramoneront facilement trois mille dans le même espace de temps, et quatre cent cinquante mille dans cent cinquante matinées; ils auront donc cent soixante journées entières, et cent cinquante soirées à donner au travail des ateliers de l'établissement.....

**LE COMTE.**

Mais qui procurera ce travail ?

**JACQUES.**

L'administration fournit son local à des fabricans qui, outre l'obligation de réserver exclusivement à ses pupilles la main-d'œuvre des objets qu'ils font confectionner, ont contracté celle de fournir les ustensiles et les capitaux nécessaires à cette confection; de payer cette main-d'œuvre au taux ordinaire, et de céder à la direction le cinquième net de leurs bénéfices.

### LE COMTE.

L'établissement ne faisant aucune avance, je vois que ce travail des ateliers est tout bénéfice pour lui, et que ce bénéfice peut être très-considérable.

### JACQUES.

Comme l'institution s'est assurée que le travail ne manquerait jamais à ses pupilles, le bénéfice sera en proportion du nombre des journées qu'ils consacreront aux ateliers. Evaluons moyennement le prix de chaque journée à 2 francs; nous avons vu que le ramonage exécuté, chacun de nos pupilles avait encore cent soixante jours entiers à 2 fr., et cent cinquante demi-journées à 1 fr. à consacrer à ces ateliers; or cent soixante journées à 2 fr. donnent . . . . . . 64,000 fr.

Et cent cinquante demi-journées à 1 fr. donnent . . . . . . 30,000

94,000 fr.

( 73 )

Report. . . . . 94,000 fr.

D'une autre part, nous avons
déjà, pour le ramonage, béné-
ficié de. . . . . . . . . . . . . . 23,500
Le total de notre bénéfice est
donc de. . . . . . . . . . . . . . 117,500 fr.

Dans ces cent dix‑sept mille cinq cents
francs, nous ne comprenons pas le cinquième
net accordé par les capitalistes sur tous les
objets fabriqués dans les ateliers de l'établissement, parce que les fondateurs se le réser-
vent pour prix de leur temps et des soins
qu'ils donneront à l'institution, et ne veulent
rien distraire à leurs profits de la solde des
ouvriers, ni du produit du ramonage.

LE CURÉ.

Que ferez-vous donc de vos cent dix‑sept
mille cinq cents francs?

JACQUES.

Nous avons des loyers, des frais d'entretien et de bureau, il faut les payer; nous
avons des employés, il faut pourvoir à leurs
appointemens; nous avons des domestiques,
il faut leur donner des gages, et de plus, songer à l'avenir des uns et des autres, ainsi qu'à
celui de nos pupilles : voici donc comment
nous distribuons l'emploi de nos 117,500 fr. :

7

Loyers, six mille francs, ci. .     6,000 fr.
Frais du culte et aumônier. .     2,000
Instruction, et entretien du mobilier. , . . . . . . . . . . .     5,500
Amélioration du local et frais d'administration. . . . . . . . .     50,000
Frais d'infirmerie, gages des domestiques et du portier. . . .     4,000

                                67,500 fr.

Placement annuel à la Caisse d'épargnes, pour fournir des secours à nos pupilles et des pensions à nos employés . . . . . .     50,000

        Total général . . . . .    117,500 fr.

Voyez-vous, messieurs, que nos cent dix-sept mille cinq cents francs sont bien employés?

LE COMTE.

Mais il me semble que dans vos dépenses vous n'avez pas compris celle des petits bureaux établis dans chaque quartier pour recevoir et transmettre à l'institution les commandes du ramonage. Ces bureaux sont cependant très-utiles pour elle et très-commodes pour les particuliers qui ne seront plus obligés d'attendre le passage des ramoneurs pour faire nettoyer leurs cheminées.

**JACQUES.**

Ces bureaux, n'étant destinés qu'à recevoir
des commandes journalières, seront payés, en
proportion de celles qu'ils transmettront à l'é-
tablissement, sur une retenue de 5 centimes
par ramonage éventuel, qui suffira non-seulement au remboursement de tous leurs frais,
mais qui permettra encore d'accorder des pri-
mes d'encouragement à ceux des buralistes,
des délégués et des préposés qui, dans le courant de l'année, auront le plus obtenu de
travaux pour nos jeunes ramoneurs. Cette retenue ne change rien à l'aperçu des recettes,
puisqu'elle est précisément la diminution dont
jouissent les abonnés, et que les produits du
ramonage ne sont calculés que sur le prix de
l'abonnement.

**LE CURÉ.**

Mais je ne vois pas que vous réserviez rien
de vos bénéfices pour les pauvres.

**JACQUES.**

Il me semble qu'il vaut mieux empêcher les
hommes de devenir pauvres, que de les soulager quand ils le sont devenus, et c'est là le but
de notre institution ; les pauvres sont ses élèves,
elle ne leur fait pas l'aumône, elle les enrichit
en leur donnant de bonnes mœurs et une instruction qui les rend habiles de bonne heure

dans le métier, l'art ou la profession à laquelle
ils se trouvent destinés.

LE COMTE.

Dites-moi maintenant comment se dépen-
sent les 2 fr. de solde journalière attribués à
chacun de vos enfans ?

JACQUES.

En entrant à l'institution, chacun d'eux reçoit une veste, un pantalon de drap, un gilet,
une blouse avec capuchon pour le ramonage,
trois chemises, deux paires de bas, une paire
de guêtres, une paire de souliers, trois mouchoirs et un col noir ; cette fourniture, monsieur, est estimée 5o francs : c'est donc une
avance de 10,000 fr. que nous faisons pour
nos deux cents pupilles, ce qui, joint aux
5ooo fr. pour l'entretien de la chaussure et du
linge, ainsi que pour le blanchissage de celui-
ci, fait une somme de 15,000 francs : nous
avançons aussi pour les vivres, le combus-
tible et l'éclairage des dortoirs, 3,ooo francs
par mois, ou 36,ooo francs par an; en tout,
5i,ooo fr., dont il faut que nous nous rem-
boursions sur la solde de nos pupilles.

Nous faisons donc à chacun une retenue
de 5o centimes par jour de travail pour son
trousseau et pour son blanchissage, ce qui
fait 155 fr. par tête, et 3i,ooo fr. pour nos

deux cents pupilles, somme qui surpasse de 16,000 f. les avances que nous avons faites pour cette fourniture; mais tous les mois on établira pour chacun le décompte de la retenue qui lui aura été faite, quand ses habillemens seront en bon état, et que sa masse de 5o fr. sera complète; ce décompte sera placé à la Caisse d'épargnes, sur sa tête, pour lui être remise, avec les intérêts et les 5o fr. de sa masse, lorsqu'il entrera en apprentissage. Vous voyez que par ce moyen nous engageons nos élèves à devenir soigneux pour leur propre intérêt, et que de plus nous leur ménageons une ressource pour se vêtir décemment lorsqu'ils sortiront de notre surveillance pour entrer sous celle d'un maître.

LE COMTE.

Je trouve ici de la justice et de la prévoyance.

JACQUES.

Je suppose qu'un ramoneur, en sortant de l'établissement où il aura resté trois ans, n'ait dépensé que deux fois sa masse entière, et 7 5 fr. pour l'entretien de ses effets et leur blanchissage; s'il n'a pas usé tout-à-fait son premier trousseau, il possèdera une veste et un pantalon vieux, une veste et un pantalon neufs, deux gilets, six mouchoirs, deux cols noirs, plusieurs paires de bas, et en outre 290 fr. avec les intérêts qu'ils ont produits à la Caisse d'épargnes. Je pense qu'avec cette somme notre jeune apprenti pourra fort bien se procurer un habit pour les jours de fête, et se réserver encore une somme de 200 fr. destinée à ses menus plaisirs, jusqu'à ce qu'il gagne de l'argent chez son maître.

Quant à la nourriture, nous nous en remboursons par une retenue de 60 centimes par jour, ou de 186 francs par an pour chacun ; ce qui, pour la totalité, donne 37,200 fr. ; ainsi, nous voilà remboursés de nos avances, avec un surplus de 1200 francs que nous réservons pour augmenter l'ordinaire de nos pupilles les jours des grandes fêtes.

LE COMTE.

Voilà vos petits drôles logés, vêtus et nourris, et je vois qu'il leur reste encore 90 cent. par jour ; à quoi les destinez-vous ?

JACQUES.

Sur ces 90 centimes, 20 seront destinés à leurs parens, 20 leur seront distribués tous les dimanches matin, et 50 seront placés à la Caisse d'épargnes ; ainsi, au bout de trois ans, chacun de nos élèves, après avoir envoyé chaque année 62 francs à son père ou à sa mère, et rempli ainsi le devoir d'un bon fils, après en avoir eu autant à sa disposition pour sa boîte et pour satisfaire ses petites fantaisies, aura encore, en toute propriété, à la Caisse d'épargnes, une somme de 465 fr., qui, joints aux 200, lui formeront un capital de 665 francs, non compris l'intérêt de deux ans pour le premier tiers de cette somme, d'un an pour le second tiers, ce qui fait, d'une part, 22 fr. 17 cent., et de l'autre, 11 fr. 8 cent., en tout, 33 fr. 25 cent., sans compter l'intérêt courant du dernier tiers. Nous pouvons donc dire que chaque élève qui sortira de notre institution, pour entrer en apprentissage, pourra disposer, en attendant qu'il soit capable de gagner de l'argent dans la profession qu'il aura embrassée, d'une somme d'environ 700 francs.

LE COMTE.

Hé bien ! mon cher pasteur ?

LE CURÉ.

Hé bien ! mon brave général, que dirons-nous de tout cela?... Pour moi, je pense que l'auteur de cette institution est un autre Saint-Vincent de Paul...

LE COMTE.

Hé bien ! curé, nous le canoniserons un jour ; mais pour vous dire ma pensée, je trouve l'idée de cette institution d'autant plus admirable, qu'elle produit les plus grands biens, presque sans dépenses, et par des moyens si simples, si positifs, que je suis étonné qu'on n'y ait pas plus tôt pensé; mais il vaut mieux tard que jamais.

### LE CURÉ.

Monsieur Jacques, j'ai encore une question à vous faire dans l'intérêt de vos jeunes pupilles. Je vous avoue que je suis fâché de les voir sortir de l'établissement, pour entrer dans le monde, à l'âge où les passions commencent à se développer. Je crains bien qu'ils n'y perdent le fruit de leurs premières leçons, de leurs premières habitudes, surtout si l'œil de leur premier surveillant ne les suit pas jusque chez leurs maîtres.

### JACQUES.

Vous savez mieux que moi que les impressions reçues dans l'enfance influent puissamment sur la conduite que l'on tiendra dans sa jeunesse, et que celles que l'on reçoit dans le cours de ce second âge décident ordinairement du reste de la vie; or nos pupilles n'ont reçu dans l'établissement que de bons exemples; quand ils entrent en apprentissage, ils sortent d'une vie laborieuse pour entrer dans une autre plus laborieuse encore; monsieur

le directeur a eu soin de s'informer non-seulement des talens, mais encore des mœurs de
leurs nouveaux maîtres : ainsi il ne les confie
qu'à des gens dignes de le remplacer et de les
faire persévérer, par de bons exemples et de
sages conseils, dans la conduite qu'ils ont tenue dans l'établissement.

D'ailleurs, il est loin de les abandonner : il
va quelquefois les visiter chez leurs maîtres,
s'informer en secret de leurs progrès et de leur
assiduité au travail ; il les encourage par des
éloges, ou les réprime par des remontrances ;
il les invite à venir le voir tous les dimanches
et les jours de fête, ainsi que leurs anciens
camarades. Il faudrait qu'ils fussent bien
ingrats pour ne pas profiter de cette invita-
tion : d'ailleurs, ne sont-ils pas attachés à
l'institution par leurs propres intérêts, ne sa-
vent-ils pas qu'en cas de maladie ou d'accident, ils y trouveront une infirmerie où ils
seront reçus pendant leur apprentissage, et
que même après, quand ils seront en état de
s'établir, ils y trouveront des avances pour
les aider à se fixer, si toutefois l'administration a lieu d'être satisfaite de leur conduite?
Vous voyez donc que, bien loin d'abandonner
ses pupilles, notre institution est pour eux
une seconde mère, une seconde famille.

##### . LE CURÉ.

Tout cela est beau, édifiant, et notre ami Jacques nous en parle comme d'une chose réelle, et dont il aurait été le témoin.

##### JACQUES.

Elle se réalisera; si je ne l'ai pas vue, je la verrai. Il y a en France trop d'honnêtes gens pour qu'une telle institution n'y trouve pas de nombreux et puissans protecteurs; elle en trouvera d'autant plus que, par les calculs de ses fondateurs, elle doit peut-être un jour étendre son influence sur tous les départemens; et n'y eût-il que vingt personnes comme monsieur le comte, monsieur le curé et moi, nous parviendrions à en assurer le succès; mais pour vous faire sentir les avantages qui peuvent résulter, pour le beau royaume où nous vivons, de la prospérité de cet établissement, voulez-vous me permettre de vous présenter succinctement quels peuvent être dans dix années les résultats de ses économies et de ses placemens?

##### LE CURÉ ET LE COMTE.

Non-seulement nous le permettons, mais nous vous en prions.

##### JACQUES.

Les fonds réservés pour ces placemens étant destinés, comme je vous l'ai dit, à procurer des secours aux élèves, en cas d'accident et de maladie, ainsi que des pensions de retraite aux employés de tout genre, l'administration prend l'engagement de ne les jamais détourner d'une destination aussi sacrée, si ce n'est pour accroître le personnel et le matériel de l'établissement, et en former du même genre dans toutes les principales villes de la France, afin de le rendre aussi de plus en plus utile à la société; à cet égard, elle appelle sur ses opérations la surveillance de tous ceux qui auront fondé des lits dans l'établissement, celle de monsieur le préfet de la Seine, du maire de son arrondissement, et, en un mot, de toutes les personnes notables de la capitale; ses registres, ses comptes leur seront toujours ouverts, elle les invite même à nommer une commission pour les contrôler.

**LE CURÉ.**

Marcher ainsi à découvert, c'est le vrai moyen d'être toujours exempt de reproches.

**JACQUES.**

Cela posé, je ne dois pas craindre de vous faire connaître le résultat des combinaisons des fondateurs de notre institution. Toute leur ambition se borne à avoir à Paris quatre cents lits et quatre cents élèves. Voyons donc ce qu'ils ont droit d'espérer des placemens qu'ils pourront faire avec les recettes que leur produiront les travaux de ces jeunes ouvriers, à mesure que leur nombre augmentera, et lorsqu'ils seront au grand complet de quatre cents.

Il y a lieu de croire que les deux cents lits et les deux cents élèves que le local de l'institution est préparé à recevoir, ne seront complets que pour le premier janvier 1829, et que d'ici à cette époque les recettes de l'administration n'excèderont pas ses dépenses au point qu'elle puisse faire des placemens assez considérables pour mériter d'être portés en ligne de compte dans l'aperçu que je vais vous soumettre ; mais comme il est plus que probable qu'à cette époque notre établissement aura tout au moins le nombre de lits et d'élèves qu'il peut recevoir, et qu'il sera en pleine activité, alors dans le courant de cette année il pourra placer 50,000 francs à 5 pour cent ; ce qu'il fera de mois en mois à commencer du 1<sup>er</sup> janvier 1829. L'institution divise donc cette somme de 50,000 fr. en dix parties de 4,000 fr., et en deux de 5,000 chacune ; elle capitalise à la fin de chaque semestre les intérêts échus, et les ajoute à son nouveau capital. Voyons, en suivant cette progression depuis le 1ᵉʳ janvier 1829 jusqu'au 31 décembre 1832, quel serait l'état de ses fonds de prévoyance à la fin de ce dernier mois, en supposant que l'intérêt de son établissement ne l'eût point forcé de suspendre momentanément le cours de ses placemens, pour augmenter son matériel et son personnel.

### PLACEMENS.

| DATES. | | | SOMMES. | | |
|---|---|---|---|---|---|
| Années. | Semest. | Mois. | Par mois. | Par semestre. | Par année. |
| | | | fr.　c. | fr.　c. | fr.　c. |
| 1829. | 1ᵉʳ..... | Janvier | 4,000　» | 25,000　» | 50,625　» |
| | | Février | 4,000　» | | |
| | | Mars.. | 4,000　» | | |
| | | Avril.. | 4,000　» | | |
| | | Mai... | 4,000　» | | |
| | | Juin... | 5,000　» | | |
| | 2ᵉ.... | Juillet. | 4,100　» | 25,625　» | |
| | | Août... | 4,100　» | | |
| | | Septᵇʳᵉ. | 4,100　» | | |
| | | Octobre | 4,100　» | | |
| | | Novᵇʳᵉ. | 4,100　» | | |
| | | Décᵇʳᵉ. | 5,125　» | | |
| 1830. | 1ᵉʳ.... | Janvier | 8,202　50 | 51,265　62,5 | 103,813　68,5 |
| | | Février | 8,202　50 | | |
| | | Mars.. | 8,202　50 | | |
| | | Avril.. | 8,202　50 | | |
| | | Mai.... | 8,202　50 | | |
| | | Juin... | 10,253　12,5 | | |
| | 2ᵉ.... | Juillet. | 8,407　71 | 52,548　06 | |
| | | Août... | 8,407　71 | | |
| | | Septᵇʳᵉ. | 8,407　71 | | |
| | | Octobre | 8,407　71 | | |
| | | Novᵇʳᵉ. | 8,407　71 | | |
| | | Décᵇʳᵉ. | 10,509　51 | | |

## PLACEMENS.

| DATES. | | | SOMMÉS. | | |
|---|---|---|---|---|---|
| Années. | Semest. | Mois. | Par mois. | Par semestre. | Par année |
| | | | fr. c. | fr. c. | fr. c |
| 1831. | 1er.... | Janvier | 12,617 90 | } 78,811 68,5 | } 159,643 5: |
| | | Février | 12,617 90 | | |
| | | Mars... | 12,617 90 | | |
| | | Avril.. | 12,617 90 | | |
| | | Mai.... | 12,617 90 | | |
| | | Juin... | 15,722 10,5 | | |
| | 2e.... | Juillet.. | 12,933 32 | } 80,831 84 | |
| | | Août... | 12,933 32 | | |
| | | Septbre. | 12,933 32 | | |
| | | Octobre | 12,933 32 | | |
| | | Novbre. | 12,933 32 | | |
| | | Décbre. | 16,165 34 | | |
| 1832. | 1er.... | Janvier | 17,256 67 | } 107,705 76 | } 218,251 09 |
| | | Février | 17,256 67 | | |
| | | Mars... | 17,256 67 | | |
| | | Avril.. | 17,256 67 | | |
| | | Mai.... | 17,256 67 | | |
| | | Juin... | 21,422 41 | | |
| | 2e.... | Juillet. | 17,688 06 | } 110,545 35 | |
| | | Août... | 17,688 06 | | |
| | | Septbre. | 17,688 06 | | |
| | | Octobre | 17,688 06 | | |
| | | Novbre. | 17,688 06 | | |
| | | Décbre. | 22,105 03 | | |

Il résulte de ce tableau qu'à la fin de 1832 le capital placé par l'administration serait de 218,251 francs 9 centimes, non compris la moitié de l'intérêt courant du premier semestre de cette année, et la totalité de l'intérêt du second, en sorte qu'à la fin de juin

1833, ce capital s'élèverait à 223,703 francs.

Pour que la chose soit dans cet état, il faut supposer que le matériel et le personnel de l'établissement sont toujours restés dans la même situation depuis 1829 jusqu'à la fin de 1832. Mais il est impossible qu'un tel état de stagnation ait eu lieu dans un établissement à la prospérité duquel tous les amis de l'humanité doivent s'intéresser; il est donc présumable qu'avant la fin de 1832 son personnel et son matériel auront été portés au grand complet, l'un de quatre cents pupilles, l'autre de quatre cents lits.

Dans cette présomption, l'administration, dont le local n'est disposé maintenant que pour recevoir constamment deux cents ramoneurs, et deux cent cinquante provisoirement, doit faire dans son local les réparations et les agrandissemens nécessaires pour se mettre à même d'accueillir les nouveaux pupilles qui viendront se mettre sous sa direction. Elle doit en agir ainsi pour l'intérêt même de l'institution, et sans même attendre les secours de nouveaux fondateurs, dont elle ne permettra jamais que le nombre s'élève au-dessus de deux cents. C'est donc sur ses moyens seuls qu'elle doit compter, pour étendre ses constructions et augmenter progressivement la quantité de ses lits. Quant aux nouvelles constructions, elle se propose de les rendre telles, qu'avant la fin de 1830 elle puisse y placer aisément deux cents lits, au-dessus de plusieurs ateliers assez vastes pour que quatre cents petits ouvriers puissent s'y livrer commodément aux travaux qu'elle leur destine.

Pour atteindre ce but, elle ne placera que 25,000 fr. en 1829 et en 1830. Elle gardera conséquemment 50,000 fr. entre ses mains, qui lui suffiront même au-delà pour remplir ses vues : il semblerait d'après cela qu'à la fin de 1832 son capital de prévoyance devrait se trouver réduit de plus de 56,000 fr., mais vous allez voir bientôt qu'il se trouvera au contraire augmenté d'une manière notable.

En effet, si nous supposons que dans le cours de l'année 1829 l'établissement ait reçu cinquante élèves de plus, et successivement de mois en mois, puisque, dans l'état où il est actuellement, il peut les loger au moins provisoirement, l'administration ne se sera trouvée obligée qu'à faire une avance de 10,000 fr. pour se procurer cinquante lits de plus; mais, puisque nous avons vu que deux cents élèves, toutes dépenses faites, procurent un bénéfice de 117,500 fr., sur lequel, après avoir payé ses employés et ses frais de bureaux, d'entretien et d'instruction, elle pouvait placer 50,000 fr., il est certain que les cinquante élèves qu'elle a reçus dans le cours de 1829 auraient produit le quart en sus de ce bénéfice, s'ils eussent travaillé pendant toute l'année; mais comme ils ne sont arrivés que successivement, nous supposons qu'ils n'auront travaillé que pendant cent cinquante-cinq jours, ce qui réduit leur produit au huitième de 117,500 fr., ou à 14,687 fr. 50 cent., qui dépassent les avances faites de 4,687 fr. 50 cent.; mais dans le cours de l'année 1830, ces cinquante nouveaux ouvriers auront réellement produit un quart de plus, ou 29,375 fr., sans avoir occasioné aucune nouvelle dépense, si ce n'est celle de 2,000 fr. pour l'entretien du mobilier, puisque le nombre des employés n'aura pas été augmenté. L'administration aura donc pu disposer, pendant le cours de cette année et de la précédente, de 32,062 f. 50 c., tant pour achever ses constructions auxquelles seront déjà employés les 50,000 fr. primitifs, que pour porter le nombre de ses lits à trois cents; et elle aura été obligée de le faire, puisque probablement le nombre de ses élèves se sera accru de cinquante, comme dans le cours de l'année précédente; mais ceux-ci auront, comme les premiers, produit pendant cette année, 14,687 francs 50 centimes, qui excèderont encore les avances de l'administration de 4,687 francs 50 centimes, et produiront 29,375 francs de 1830 à 1831. Ainsi à cette époque le local de l'établissement aura reçu tout l'agrandissement que l'on se propose de lui donner, il pourra contenir commodément quatre cents lits. L'administration pourra donc défalquer des 44,062 fr. 50 cent. qui lui restent entre les mains, 4,062 francs 50 centimes, tant pour de nouveaux frais d'entretien, que pour les gages des nouveaux domestiques ; elle en emploiera 10,000 à l'achat de cinquante nouveaux lits, et placera les 30,000 restant, ainsi que les 29,375 fr. qu'auront produits, de 1830 à 1831, les cinquante ramoneurs arrivés dans le cours de 1829. Si ces nouveaux lits, comme on doit le présumer, ont été occupés de 1830 à 1831, les cinquante nouveaux venus auront encore produit 14,687 fr. 50 cent., que l'administration pourra joindre à son nouveau placement, ce qui fera 74,062 fr. 50 cent. à la fin de 1831, et elle aura alors trois cent cinquante lits.

Mais dans le courant de l'année 1831 à celle de 1832, le nombre de ses pupilles et de ses lits ayant été porté au grand complet, elle aura cinquante nouveaux élèves de plus qui lui auront produit 14,687 fr.

5o cent., tandis qu'en même temps , dans le cours de 1831 à 1832, les cent cinquante qui sont arrivés de 1829 à 1831, auront produit 88,125 fr., que nous placerons à la fin de 1832, en déduisant de ces deux sommes 10,000 fr. pour les derniers cinquante lits, et 8,812 fr. 5o cent., tant pour nouveaux gages de domestiques, que pour nouveaux frais d'entretien, ce qui les réduira à 84,000 fr. Ainsi, tout en faisant de nouvelles constructions, tout en augmentant du double son mobilier, elle aura porté son capital de prévoyance à 320,313 fr. 59 cent., de sorte qu'au lieu de se trouver diminuée de 56,000 fr., il s'est accru au contraire de 102,062 fr. 5o cent., non compris l'intérêt des sommes placées en 183o et 1831.

En janvier 1833, l'établissement étant au grand complet, tant sous le rapport de son local et de son mobilier, que sous celui de son personnel productif, il n'aura plus à s'occuper que de l'entretien de son matériel et des réglemens définitifs relatifs à son organisation intérieure. L'administration augmentera le nombre de ses employés internes, et quoique son produit net, qui était de 117,5oo fr. lorsqu'elle n'avait que deux cents pupilles, doive s'élever maintenant à 235,000 fr. qu'elle pourrait placer, elle n'en placera cependant que

200,000, réservant le surplus pour le consacrer à procurer à ses élèves de nouveaux moyens d'instruction.

LE COMTE.

En plaçant 200,000 fr. tous les ans, joints aux 320,000 fr. qu'elle a déjà placés, son capital finira par s'élever à des sommes considérables, dont jamais ni les secours qu'elle accordera à ses pupilles, ni les pensions qu'elle fera à ses employés n'absorberont les revenus. Que fera-t-elle du surplus?

JACQUES.

L'administration formera des établissemens semblables dans les départemens.

LE COMTE.

Mais ces établissemens ne feront qu'accroître ses richesses.

JACQUES.

Hé bien! alors ne pourra-t-elle pas venir au secours des incendiés? et si dans le temps une institution de ce genre eût couvert la France de ses établissemens, la ville de Salins aurait été bientôt rétablie.

LE COMTE.

Mon cher Jacques, je suis des vôtres.

LE CURÉ.

Votre institution peut me compter au nombre de ses prôneurs les plus zélés.

FIN.